Günter Freunds  schwäbisches Kochbüchle

Günter Freund

Günter Freunds schwäbisches Kochbüchle

2., überarbeitete Auflage

*66 ausgewählte Rezepte
für den Liebhaber
der schwäbischen Küche*

*mit 6 Cartoons von Heinz Schindele
und 4 Farbbildern*

Hugo Matthaes
Druckerei und Verlag
GmbH & Co. KG
Stuttgart

ISBN 3-87516-614-0

Rezeptberatung: Gardy Freund
Titelfoto: Bildniskunst Dittmar, Stuttgart

Printed in Germany – Imprimé en Allemagne
Gesamtherstellung:
Hugo Matthaes Druckerei und Verlag
GmbH & Co. KG, Stuttgart

Vorwort

Wer Günter Freund, den charmanten Plauderer in vielen Unterhaltungssendungen des Süddeutschen Rundfunks kennt, der weiß auch, daß er zu den Gourmets zu zählen ist, und der weiß außerdem, daß er ein Hobby-Koch von Rang ist. In vielen seiner Sendungen, in denen auch namhafte Küchenchefs unseres Landes zu Wort kamen, hat er mit seinen in- und ausländischen Rezepten den zuhörenden Hausfrauen eine Antwort auf die immer gleichbleibende Frage „Was koche ich bloß morgen?" geliefert.

Daß er nun ein „schwäbisches Kochbüchle" herausgibt, ist nicht nur lobenswert. Als Schwabe ist das eigentlich Ehrensache!

Ganz zu Unrecht wird unserer schwäbischen Küche oft nachgesagt, sie sei recht deftig und schwer (sprich: kalorienreich und dick machend). Daß sie in allererster Linie sehr schmackhaft und vielseitig ist, beweist uns Günter Freund mit manchem Trick und Kniff.

Durch die Reisen in alle Welt und durch die zahlreichen ausländischen Restaurants in unserem Lande hat sich unsere Küche stark internationalisiert. Wir kochen und essen heute französisch, italienisch, griechisch, chinesisch oder sogar indisch. Das ist überhaupt nicht zu verachten. Es beweist nur, wie weltoffen wir Schwaben auch sind. Aber so, wie man sich ganz allgemein wieder auf seine Landsmannschaft besonnen hat und stolz auf sie ist, so geht auch der Trend in der Küche wieder hin - soll ich nun sagen - zum einfacheren Essen, zur Hausmannskost, so wie sie uns bei den Großeltern geschmeckt hat und bekommen ist.

Ich jedenfalls begrüße es, daß unsere schwäbische Küche wieder mehr zu Ehren kommt! Sie kann sich im Reigen der Spezialitäten durchaus sehen lassen, und es ist heute nicht mehr nur so, daß sie den Magen füllt. Zuallererst schmeichelt sie dem Gaumen.

Essen gehört mit zu den Freuden des Lebens. Oft erinnert man sich an eine Begebenheit nur deshalb besonders gut, weil man noch genau weiß, was man damals Gutes gegessen hat. Möge „Günter Freunds schwäbisches Kochbüchle“ mit dazu beitragen, daß mancher Fremde sich an ein gutes schwäbisches Essen und damit an unser schönes Schwabenland erinnert und daß wir Schwaben - jung und alt - und alle, die hier heimisch geworden sind, unserer schwäbischen Küche die Ehre geben, die ihr gebührt.

Mir kommt zustatten, daß mein Mann und meine Kinder - bei allen Festmenüs, die ihnen da und dort vorgesetzt werden - „Fans“ der schwäbischen Küche geblieben sind. Ich werde das Büchlein nicht nur meiner Kochbücher-Sammlung einverleiben, sondern es zur Hand nehmen, darin blättern und mich erinnern - und vor allem die Gerichte auf den Tisch bringen, die die Tradition der schwäbischen Küche am Leben erhalten. Daß dies mit mir noch viele Hausfrauen und kochende Männer so halten werden, das wünsche ich Günter Freund und seinem „schwäbischen Kochbüchle“.

Ursula Späth

Ich über mich, er über sich

Also, wenn man es genau nimmt, so möchte man ihm die Berechtigung absprechen, ein schwäbisches Kochbüchle zu schreiben. Ist er doch gar nicht unter schwäbischer Sonne zur Welt gekommen, sondern weiter nördlich – am Main.

Aber, antwortet ein „g'standener" Schwabe, in die Schule ist er bei uns gegangen, in Untertürkheim und in Bad Cannstatt. Man kann ihn deshalb wirklich nicht als allenfalls schwäbisch eingefärbt bezeichnen, er ischt scho' oiner von ons!

Solchermaßen großzügig aufgenommen, bekenne ich: Ich bin es gerne, wahrer Schwabe, und zwar aus verschiedenen Gründen. Einer davon ist die schwäbische Küche, die der heimatlichen hessischen Küche der ohnehin vergessenen Kindheit – erinnerlich nur: Spinat mochte er rein gar nicht, der Kleine – so fremd auch wieder nicht ist.

Der erste Berufswunsch war Lehrer („weil die soviel Ferien haben"), bald aber wollte ich Journalist werden. Erste Berührung mit Druckerschwärze als Angestellter in einem Fachverlag. Jemand fand aber, ich hätte so eine schöne Stimme. Deshalb intensiver Sprechunterricht bei einem Stuttgarter Schauspieler. Erste Aufgabe beim Rundfunk – völlig fehlbesetzt – die Rolle eines Arztes, der zwei Frauen mit Plattfüßen und Krampfadern berät. Beim Start der „Schlagerskala" gleich als

Präsentator dabei, und das dann 23 Jahre lang. Unter den zahlreichen weiteren Sendungen die „Kochkunstklause" mit Küchenmeistern im Studio, die Höreranfragen (fast nur Hörerinnenanfragen) nach Küchengeheimnissen beantworteten. Heute geduldiger Gesprächspartner bei der Telefonsendung „Sie wünschen, wir spielen" und Moderator der Volkstümlichen Hitparade. Zehn Jahre lang Kolumnist bei einer Tageszeitung und einem Stuttgarter Informationsorgan. Auf Bühnen und Podien Conférencen und Moderationen für Modenschauen, Folkloreabende, repräsentative Veranstaltungen (z.B. bei der Weltmeisterschaft der Friseure) und Messen des Hotel- und Gaststättenverbandes (Intergastra). Die Chaîne des Rôtisseurs, deren Mitglied ich sehr gern bin, hat mich zum Pressebeauftragten (Chargé de Presse) ernannt.

Privat: fröhliches Eheleben mit Gardy (grazil, blond, clever und die beste Köchin, die ich kenne), sie ist auch Spiritus rector beim Verwirklichen neuer und beim Bewahren alter Kochrezepte.

Noch mehr Privates: Reisen in alle Winkel der Erde, Theater, Konzert, Cocktails mixen, stilvoll Speisen in den gottlob! vielen Spitzenrestaurants Baden-Württembergs, Freunde einladen in die Wohnung im 19. Stock. Merkt man ein bißchen das Sternbild Zwilling?

Der Bund der Kriegsblinden Deutschlands hat mir seine Goldene Ehrenmedaille verliehen, auf die ich sehr stolz bin. Seit 25 Jahren moderiere ich seine Zeitschrift und lese ich in der Süddeutschen Blindenhörbücherei Literatur auf Tonband (bisher zwölf Dutzend Bücher).

Mein Wunsch an den Leser: Möge Ihnen die vorliegende Rezeptsammlung oft Anregung geben, „etwas Neues auf den Tisch“ zu bringen… und wenn es etwas Altes ist.

Günter Freund

Inhaltsverzeichnis

Suppen und Eintöpfe
Seite 13–31

Fischgerichte
Seite 33–39

Fleischgerichte
Seite 41–64

Innereien
Seite 65–76

Süßspeisen
Seite 77–115

Was der Schwabe
noch besonders schätzt
Seite 117–141

Was der Schwabe sonst so ißt
Seite 143–154

Glossar
Seite 155–157

Register
Seite 158–160

Suppen und Eintöpfe

Gaisburger Marsch

Ein alter Stuttgarter Stadtteil, im Osten, gab einem typischen schwäbischen Eintopfgericht den Namen. Man kennt es allerdings auch unter der Bezeichnung „Kartoffelschnitz und Spatzen".

Bereiten wir zuerst die Spätzle, die schwäbischen Nationalnudeln. Sie benötigen 250 Gramm Mehl, 2 Eier, 1/8 Liter lauwarmes Wasser, 1 TL Salz. Daraus schlagen wir einen zähen Teig so lange, bis er Blasen wirft und bis kein Teigrest am Kochlöffel mehr hängenbleibt, wenn er zur Probe in die Höhe gehalten wird. Etwas von diesem Teig auf ein in kaltes Wasser getauchtes Spätzlesbrett geben und mit einem Messer oder Teigschaber dünne Streifen in sprudelnd kochendes Salzwasser schaben. Wenn die Spätzle hochkommen, mit einem Schaumlöffel herausnehmen, kurz in heißem Wasser schwenken und in einem Sieb abtropfen lassen.

Die Grundlage für den Gaisburger Marsch bildet eine kräftige Fleischbrühe. In 1 Liter Brühe werden 500 Gramm rohe, geschälte und in Schnitze geschnittene Kartoffeln nicht zu weich gekocht. Dazu kommen das kleingeschnittene Rindfleisch, aus dem die Brühe gewonnen wurde, und die Spätzle. Das Ganze wird noch einmal abgeschmeckt, evtl. etwas Brühe nachgegossen, dann ein Hauch Muskat darüber, zum Schluß wird kleingeschnittener Schnittlauch daraufgestreut. Statt Fleischbrühe wird oft ein leichtes Salzwasser verwendet, das Rindfleisch wird bei dieser sparsamen Variante durch Würfelchen von frischer oder geräuchter Schinkenwurst ersetzt. Zum Schluß wird das Ganze mit kleingeschnittenen, in Butter gebräunten Zwiebeln übergossen oder – wie wir sagen – geschmälzt. Bei der „aushausigsten“ Form wird Fleischbrühe verwendet und außerdem geschmälzt.

Schwäbische Hochzeitssuppe

Der Name sagt es schon, daß es sich um eine besondere und natürlich auch etwas aufwendige Vorspeise handelt. Zu ihr gehören Maultaschen, Flädle und Markklößchen in der Brühe. Alle Zutaten sind gleichermaßen wichtig. Ohne kräftige Rinderbrühe geht es im Schwäbischen nicht. Dahinein brauchen Sie dünne, ausgebackene Flädle, die Sie in feine Streifen schneiden.

Die Markklößchen bereiten Sie aus 50 Gramm Mark, 3 EL Milch, 30 Gramm Butter, 2 Eiern, 1 TL gewiegter Petersilie, Semmelbröseln und 1 Prise Salz. Das Mark wird 1/2 Stunde gewässert, dann in der Milch bis zum Glasigwerden gekocht und durch ein Sieb passiert. Zusammen mit der etwas erwärmten Butter schaumig rühren. Die Eier, die Petersilie und die Semmelbrösel zugeben, bis sich die Masse bindet. Mit feuchten Händen formen Sie etwa fingerhutgroße Klößchen und lassen sie 5 Minuten in Fleischbrühe ziehen. Fertig sind die Klößchen. Mit dem Schaumlöffel herausnehmen und an die Seite stellen.

Maultaschen werden nach den bekannten Rezepten (siehe Seite 124) hergestellt, allerdings kleiner, etwa 3 mal 3 Zentimeter, ein bißchen größer als Ravioli.

Ein Schöpflöffel Fleischbrühe wird in jeden vorgewärmten Teller gegeben. Nun folgen ein gut gehäufter Eßlöffel Flädle, fünf Markklößchen und ebensoviele Maultäschchen, aber nicht aufeinander, sondern als Freude für das Auge in drei Segmenten. Über alles kommt feingeschnittener Schnittlauch und ein Hauch Muskat aus der Mühle oder von der Reibe.

Mit dieser aufwendigen Suppe werden Sie nicht nur bei Hochzeiten, sondern bei jeder Festivität Eindruck machen.

Schwäbische Brotsuppe

Altbackenes Brot, möglichst auch eine Laugenbrezel oder ein Laugenwecken, werden mit heißem Wasser übergossen, bis alles ganz bedeckt ist. In der Zwischenzeit dünsten Sie 1 Tasse kleingehackte Zwiebel, 1/2 Tasse gelbe Rüben und etwas Selleriewurzel, ebenfalls zerkleinert, mit 1/2 Tasse Öl, bis die Zwiebel hellgelb werden. Jetzt geben Sie 2 ganze Knoblauchzehen und dann das weiche Brot (vorher zerrupfen) in die Masse und füllen mit Wasser auf.

Dieses Gemisch läßt man auf ganz kleiner Flamme 1 Stunde zugedeckt köcheln (ab und zu umrühren), dann streicht man es durch ein Salatsieb. Nun wieder zurück in den Topf und auf die kleine Flamme, mit schwarzem, grobem Pfeffer, Fleischbrühwürfel und etwas Weißwein (Riesling) abschmecken. Wenn erforderlich, Wasser nachfüllen. Wer die Brotsuppe als Hauptgericht reichen will, läßt darin pro Person ein Pärle Saiten ziehen. Das schmeckt gut und „hebt“ bis zum „Veschper“.

**Wenn m’r a guete Supp’ hat,
hat m’r halbe gessa.**

Biersuppe

Es gab eine Zeit, da stapelten sich in den Haushalten noch nicht die Bierkästen, da wurden nicht an bestimmten Wochentagen die leeren gegen volle ausgetauscht; zu jener Zeit holte man das Bier im offenen Krug in der Wirtschaft. Und aus jenen alten Tagen stammt das Rezept zu einer Suppe, das in heutiger Zeit ziemlich in Vergessenheit geraten ist. Im Zeichen der Nostalgiewelle, die ja auch vor den Mahlzeiten nicht halt macht, könnte man sie mal wieder versuchen, die heiße Biersuppe.

Für 4 Personen benötigen Sie 3 Flaschen Bier, 1½ Liter also. Den Inhalt einer Flasche kochen Sie in einem großen Topf mit 100 Gramm Zucker unter ständigem Rühren auf. Wenn sich der Zucker völlig aufgelöst hat, geben Sie den Inhalt der beiden anderen Flaschen hinzu und kochen noch einmal alles auf. Nun den Topf vom Feuer nehmen.

Biersuppe

In einer Schüssel mit dem Schneebesen oder dem Rührquirl 4 Eigelb schaumig schlagen, dann kaffeelöffelweise 1/8 Liter saure Sahne unter ständigem Rühren hinzugeben. Nun 1/2 Tasse heißes Bier unter die Eigelb-Sahne-Mischung schlagen und dann das Ganze zurückgeben zu dem übrigen Bier.

Jetzt auf eine kleine Flamme stellen (die Suppe darf nicht mehr kochen) und 1/2 TL Salz, 1/2 TL gemahlenen Zimt und frisch gemahlenen schwarzen Pfeffer hinzugeben. Die Suppe wird über Goldwürfeln (in Butter gerösteten Brotwürfeln) in vorgewärmten Tassen oder Tellern angerichtet.

Das wär' doch mal was Apartes für die nächste Einladung.

Leberspätzle in Fleischbrühe

Von 250 Gramm Mehl, 2 Eiern, 1 gestrichenen TL Salz und knapp 1/8 Liter lauwarmem Wasser wird ein fester Spätzlesteig hergestellt (dabei wird der Teig so lange kräftig geschlagen, bis er Blasen wirft).

100 Gramm feingehackte Rindsleber wird mit Pfeffer, Muskat und etwas geriebener Zitronenschale gewürzt. Diese Masse vermischen Sie mit dem Spätzlesteig und schlagen das Ganze noch einmal kräftig durch.

Dann drücken Sie diesen Teig durch den „Spätzles-Schwob" oder ein groblochiges Sieb in kochende Fleischbrühe.

Nach 5 Minuten sind die Leberspätzle gar. Sie können nach Belieben mit in Butter geschmälzten Zwiebeln und Schnittlauch verfeinert werden.

Leberspätzle in Fleischbrühe können sowohl als ausgiebige Vorspeise wie auch als Hauptgang angesehen werden.

Brätstrudel-Suppe

Diese Vorspeise geht schon etwas über den Rahmen der üblichen Suppen hinaus; sie eignet sich besonders dann, wenn kein umfangreicher Hauptgang, sondern beispielsweise eine Süßspeise oder ein Reste-Essen folgt.

Die Brätstrudelsuppe erfordert ein wenig Vorbereitung. Grundlage ist eine kräftige Rinderbrühe, die schon am Vortag aus Rinderbrust, Sandknochen und Suppengrün vorbereitet werden kann.

Aus einem dünnen Pfannkuchenteig (Seite 120) bereiten Sie ebenso dünne Flädle. Am besten, Sie schneiden eine geschälte Zwiebel in der Mitte durch, spießen die runde Seite auf eine Gabel und reiben mit der in etwas Fett (Butter, Öl oder Margarine) getauchten flachen Seite die Pfanne aus. Dann geben Sie Teig hinzu, jedoch nur so viel, daß durch Drehen und Schwenken der Boden eben bedeckt ist.

Die so vorbereiteten Pfannkuchen (1 bis 2 pro Person) werden mit Wurstbrät (bei jedem Metzger erhältlich) bestrichen, unter das Sie eine fein gehackte Zwiebel und evtl. etwas Muskat gemischt haben. Rollen Sie die Flädle auf und legen Sie sie in vorgewärmte, tiefe Teller. Sie werden zuletzt mit der kochend heißen Fleischbrühe übergossen und mit Schnittlauch serviert.

Saubohneneintopf

Man kann die Hauptzutat zu unserem Gericht auch vornehmer dicke Bohnen, Pferdebohnen oder Puffbohnen nennen.
Jedenfalls brauchen Sie 1 Kilo davon.
Die Bohnen kochen Sie in leicht gesalzenem Wasser etwa 1/4 Stunde lang (das Wasser muß stets die Bohnen bedecken). Nun in einem Sieb abtropfen lassen. Je 1/2 Tasse kleingehackte Zwiebeln und Speck oder Rauchfleisch werden in einer Pfanne geröstet. 2 EL Butter hinzugeben und mit etwa 50 Gramm Mehl hellgelb schwitzen. Mit Fleisch- oder Würfelbrühe ablöschen. 1 Prise Zucker dazugeben, mit Salz, Pfeffer und 1 EL Essig abschmecken. In dieser Soße werden die Bohnen weich gekocht.
Gut schmecken sie, wenn man geräuchte Brustripple hinzugibt oder wenn man kurz vor dem Servieren einen Ring Fleischwurst darin wärmt.

Wer's fetter mag, kocht noch 1 Pfund Bauchläpple mit, das man ohne weiteres am nächsten Tag kalt mit Senf und Brot essen kann.
Dieser Eintopf ist ein habhaftes Essen, besonders für naßkalte Novembertage.

Schwäbische Kartoffelsupp' mit Saitenwürstle

Etwa 1 Pfund große, rohe Kartoffeln (etwa 5 Stück) und 3 gelbe Rüben schälen und in kleine Würfel schneiden. In 50 Gramm Fett (am besten schmeckt Schweineschmalz, man kann aber auch Öl oder Margarine nehmen) dämpfen wir 1 feingeschnittene Zwiebel, 1 Bund gehackte Petersilie und etwas Grün von 1 Selleriewurzel. Wenn diese Zutaten durchgedämpft sind, Kartoffeln und gelbe Rüben hinzugeben. Mit 1 EL Mehl überstäuben und unter Rühren etwa 5 Minuten weiterdämpfen. Danach mit Fleisch- oder Würfelbrühe ablöschen und etwa 1/2 Stunde bei geschlossenem Topf auf kleiner Flamme durchkochen lassen. Dann die Suppe durch ein Salatsieb passieren und nochmals heiß machen, evtl. mit Pfeffer und Salz abschmecken. Pro Person 1 Paar Saitenwürstle heiß machen und ganz oder in Scheiben geschnitten in die Suppe geben.

Wer's ganz arg gut mag, der hat noch kleine Brotwürfelchen, sog. „Kracherle", in reichlich Butter braun geröstet. Die darf sich dann jeder über die Suppe streuen.

Des isch ebbes Arg's, was i Wurscht essa muaß, bis meine Kender von de' Zipfel satt werdet.

Gemüseeintopf

Für einen herzhaften Gemüseeintopf hat die schwäbische Hausfrau früher alle Gemüsearten frisch auf dem Markt eingekauft und in mühevoller Kleinarbeit geputzt und dann verarbeitet. Heute hat uns die moderne Tiefkühltechnik diese Arbeit abgenommen, und wir können sicher sein, in einem Paket „Junge Gemüsemischung“ alles von bester Qualität für unseren Eintopf zu erhalten.

Wir benötigen dazu noch etwa 5 große, rohe Kartoffeln, die wir schälen und in Würfelchen schneiden. Diese werden in etwa 2 Liter gut gewürzter Fleischbrühe (oder Würfelbrühe) etwa 5 Minuten lang gekocht. Dann das Gemüse dazugeben und mit etwa 5 zerdrückten Pfefferkörnern, 2 durchpassierten Knoblauchzehen und 1 Bund gewiegter Petersilie bis zum Biß kochen. Kurz vor Ende der Kochzeit 1 Dose Rindfleisch im eigenen Saft (Rindertalg entfernen), klein geschnitten hinzugeben, evtl. nochmals abschmecken. Falls was übrigbleibt: dieser Eintopf läßt sich ohne weiteres einfrieren.

’s gibt nix Bessers
als ebbes Guats!

Die Farbbilder auf den folgenden Seiten zeigen:

Buabaspitzle

Krautwickel

Linsen mit Spätzle und Saiten

Rindsrouladen

0,25l

Fischgerichte

Bodenseefelchen

Die Blaufelchen, diese schmackhaften Gesellen aus dem Bodensee mit dem blauen Rücken und dem festen, weißen Fleisch eignen sich für viele Zubereitungsarten. Ich möchte Ihnen mein Leibrezept nennen: Bodenseefelchen mit Weißwein in der Alufolie.

Pro Person rechnen wir ein Felchen. Lassen Sie es sich beim Fischhändler gleich ausnehmen und auch ein bißchen schuppen. Zuhause kürzen Sie mit der Schere Schwanz und Flossen. Unter fließendem Wasser spülen Sie die Fische innen und außen ab und trocknen sie gut mit Küchenkrepp. Dann innen und außen mit Zitrone beträufeln. Zu gleichen Teilen Karotten und Zwiebeln kleinhacken. Mit Öl, Salz, Pfeffer aus der Mühle und kleingehacktem Knoblauch in einer Kasserolle unter ständigem Rühren und kleinen Beigaben von herbem Weißwein (Riesling) dämpfen. Dann die Fische innen und außen mit Salz, Pfeffer und Kumin, falls Sie es im Hause haben, gut einreiben (Fisch verträgt viel Gewürz) und dann mit der Zwiebel-Karotten-Mischung füllen. Pro Fisch brauchen Sie eine doppelstarke Alufolie, die Sie großzügig mit Öl einpinseln. Den Fisch daraufgeben und so formen, daß die 2 EL Weißwein, die Sie nun noch dazugießen, nicht herauslaufen können. Legen Sie auch noch eine geviertelte Tomate dazu. Die Folie wird oben zusammengefaltet. Mit einer dicken Nadel stechen Sie ein paar Löcher in den oberen Teil, damit der Dampf abziehen kann.

Die Fischpakete kommen nun auf dem Backblech in den gut vorgeheizten Ofen, und zwar in die mittlere Schiene. Sie werden dort bei mittlerer Hitze etwa 25 bis 30 Minuten gegart.

Die Portionen serviert man in der offenen Folie auf dem Teller. Dazu gibt's

Pellkartoffeln und, wenn Sie wollen, Salate.
Genau so können Sie Forellen zubereiten, die man oft sehr preiswert bekommt.

**Greifet Se nur zu.
Was auf em Tisch steht,
isch scho verschmerzt.**

Forelle im „Mandel-Mantel“

Forellen beim Fischhändler ausgenommen einkaufen, Schwanz und Flossen mit der Schere abschneiden. Unter fließendem Wasser rasch waschen und mit Küchenkrepp gut trockentupfen. Mit Zitronensaft würzen, innen salzen. Mit etwas Milch beträufeln, leicht mehlieren und pfeffern.

Reichlich Butter in der Pfanne schmelzen lassen. Die Forellen einlegen und auf beiden Seiten goldbraun backen. (Bitte nicht braun werden lassen!) Auf einer vorgewärmten Platte anrichten und warm stellen. In der verbliebenen Butter reichlich Mandelblättchen anrösten und die Forelle damit bedecken. Dazu passen Petersilienkartoffeln und Zitronenspalten. Bei dieser Zubereitungsart schmeckt sogar die Haut gut. Der Fisch will bekanntlich schwimmen, deshalb empfehle ich Ihnen, eine Flasche Riesling zu entkorken.

Schwäbische Fischsuppe

Diese Schwester der weltbekannten französischen „Bouillabaisse“ haben die Schwaben – erfindungsreich, wie sie sind – mit den ihnen zur Verfügung stehenden Fischen eingebürgert. Die moderne Schwäbin überrascht ihre Lieben z. B. mit diesem Rezept: Für 4 Personen rechnen wir je 250 Gramm Goldbarsch und Kabeljau, Heilbutt und Lachs, 100 Gramm Garnelen in der Schale und 250 g Miesmuscheln. Dazu Petersilie, Lauch, gelbe Rüben, mindestens 3 Knoblauchzehen, 1 Brühwürfel und 1 Dösle Safran.

Aus dem Brühwürfel und 2 Liter Wasser, den kleingehackten Kräutern, den gelben Rüben und dem gehackten Knoblauch kochen wir eine Brühe.

Die Muscheln unter fließendem Wasser bürsten und in der Brühe auf kleiner Flamme etwa 5 Minuten ziehen lassen. Dann die Fische, die vorher in nicht zu kleine Würfel geschnitten wurden, zugeben und weitere 10 Minuten simmern lassen. Eine Tasse tiefgekühlte Erbsen (vorher auftauen!), die Garnelen und den Safran hinzugeben.

Aufkochen lassen und mit frischem, gehacktem Dill und Schnittlauchröllchen bestreuen.

Wer meint, daß Kartoffeln unbedingt dazugehören, der täuscht sich. Genauso gut schmeckt ein frisches französisches Weißbrot dazu.

Gaisburger Marsch

Fleischgerichte

Rindsrouladen

Dieses herrliche Fleischgericht braucht etwas Vorbereitung, entschädigt aber nachher am Tisch voll und ganz, sowohl vom Fleisch wie von der Soße her (was dem Schwaben ja sehr wichtig ist).

Rechnen wir pro Person eine Roulade. Der Metzger schneidet das Fleisch mit der Maschine aus einem gut abgehangenen Ochsenschlegel. Bitten Sie ihn beim Kauf, er möge die Scheiben nicht zu dünn schneiden. Jede einzelne tupfen Sie zu Hause mit Küchenkrepp trocken. Dann werden die Fleischstücke auf einer Seite mit Senf eingerieben und danach mit Tomatenketchup leicht bestrichen. Nun kommt eine dünne Scheibe geräuchter, durchwachsener Speck in die Mitte und darauf etwa 1 EL kleingehackte Zwiebel und – wenn Sie mögen – Sardellen oder Stäbchen von saurer Gurke.

Die Seiten einschlagen und vom dünnen Ende her aufrollen (rouler = rollen). Mit

Baumwollfaden, Zahnstocher oder Rouladen-Nadeln befestigen, danach ringsum leicht salzen und pfeffern.

Die Rouladen, eine nach der anderen, in heißem Fett ringsum braun anbraten, herausnehmen. In dem Bratenfond 1 große Zwiebel, 1 Tomate und Petersilie unter ständigem Rühren rösten. Mit einer gut gewürzten Fleischbrühe ablöschen und darin auf kleiner Flamme die Rouladen weichkochen.

Um eine gute Soße zu erhalten, braten Sie mit den Rouladen noch 1 zerkleinerte Schweinepfote mit an. Die Soße wird durch ein Sieb geseiht und mit saurer Sahne, in der wenig Mehl verrührt wurde (höchstens 1 TL), gebunden.

Als Beilage kann man Spätzle, Salzkartoffeln oder Weckknödel servieren, auch Kartoffelbrei und Blaukraut. Am besten

Fleischküchle

Wenn's vormittags aus einer Metzgerei appetitlich nach Fleischküchle riecht, dann kann man sich im Vorbeigehen ruhig eines aus der Hand genehmigen. Zumeist jedoch werden sie wochentags zusammen mit schwäbischem Kartoffelsalat (Rezept Seite 130) auf den Mittagstisch gebracht.

Bereitet werden sie so: 2 alte Brötchen werden abgerieben, in heißem Wasser eingeweicht, gut ausgedrückt und fein zerpflückt. Mit 1 feingewiegten Zwiebel und 1 Petersiliensträußchen wird das Ganze in Butter unter ständigem Rühren weichgedämpft. Abkühlen lassen.

Verarbeiten Sie 500 Gramm gemischtes Hackfleisch mit dieser Masse sowie Salz, Pfeffer, Muskat und 2 ganzen Eiern zu einem glatten Teig. Dann formen Sie tassengroße Küchlein; in reichlich Fett lassen Sie sie hellbraun backen.

Dazu gibt's den erwähnten Kartoffelsalat oder evtl. zur Abwechslung einmal einen gemischten Kartoffel- und Gurkensalat. Wenn ein Küchlein übrigbleibt, in Scheiben schneiden und in der Pfanne mit Ei überbacken oder kalt mit Brot und Senf zum Vesper essen.

Laß mi' meine Küchle
in dei'm Schmalz backe,
nò därfscht du dein Speck
in mei'm Kraut koche.

Schwäbischer Rostbraten

Unter „schwäbischem Rostbraten“ versteht man nicht nur ein gebratenes Stück Fleisch, sondern auch noch ein paar nahrhafte Zutaten.

Verlangen Sie bei Ihrem Metzger nicht zu dünne Scheiben von abgehangenem Rostbratenfleisch. Es sollte unbedingt marmoriert sein, denn die feinen Fettäderchen machen beim Braten das Fleisch saftig und mürb. Es darf nicht geklopft, wohl aber sollte der Fettrand mehrmals eingeschnitten werden.

In reichlich Fett wird der Rostbraten auf jeder Seite scharf angebraten (3 bis 4 Minuten), dann gut mit Pfeffer und Salz würzen. Auf reduziertem Feuer unter mehrmaligem Wenden noch einmal ca. 5 Minuten lang weiterbraten.

Auf vorgewärmten Teller geben und mit Alufolie abdecken.

In dem verbliebenen Fett feingeschnittene Ringe von ganzen Zwiebeln hellbraun rösten, etwas salzen und auf das Fleisch geben.

Dazu reichen Sie Sauerkraut mit Spätzle oder kleinen Maultaschen. Als Getränk paßt ein schwäbischer Trollinger oder Schwarzriesling.

Rostbraten war noch nie eine billige Angelegenheit, gut zubereitet aber ein Hochgenuß. Ein richtiger Rostbraten kann übrigens niemals auf beiden Seiten „über den Teller nonderhänge“, wie manche behaupten, denn das originale Fleischstück für Rostbraten ist nun mal nicht dicker als etwa 8 Zentimeter, so daß bei einer Länge von etwa 20 cm die senkrecht abgeschnittenen Bratenscheiben nicht größer als 20 mal 8 Zentimeter ausfallen können.

Schwäbischer Sauerbraten

Verlangen Sie bei Ihrem Metzger etwa 1000 bis 1500 Gramm Sauerbratenfleisch (Mürbeschoß oder Rinderschwanzstück). Legen Sie dieses Fleisch 2 bis 6 Tage in folgende Marinade ein: 1/4 Liter Weinessig, etwa 1 EL Salz, mehrere Nelken und Lorbeerblätter, 6 oder 7 Pfefferkörner, 2 Zitronenscheiben, 1 mittelgroße Zwiebel (die man vorher in Ringe schneidet), 1/2 Lauchstange, 1 gelbe Rübe und 1 kleine Selleriewurzel (alle ebenfalls zerkleinert), 1 EL Senfkörner und zum Schluß etwa 1/2 Liter süße oder saure Milch oder Buttermilch.

Diese Marinade soll das Fleisch bedecken; wenn nicht, muß es öfter gewendet werden. (Bleibt Ihnen nicht genügend Zeit, mindestens zwei Tage, wie gesagt, dann können Sie die Marinade auch aufkochen und nach dem Erkalten das Fleisch einlegen!)

Und so wird der Braten gemacht: Das

Fleisch aus der Marinade nehmen und sehr gut mit Küchenkrepp abtrocknen. In heißem Fett ringsum anbraten. Frische Zwiebelscheiben, Petersilie und 1 geraspelte gelbe Rübe mitschmoren. Dann mit einem Teil der durchgeseihten Marinade und einem Brühwürfel angießen.

Bei kleiner Flamme zugedeckt ungefähr 1 1/2 bis 2 Stunden kochen, evtl. Marinade oder Wasser nachgießen.

Jetzt den Braten herausnehmen und 1 EL Mehl mit 1/8 Liter saurem Rahm verrühren und in die Soße geben. Aufkochen lassen und die Soße durchs Sieb passieren, evtl. noch etwas Sauerrahm zugeben, aber nicht mehr aufkochen.

Dazu gibt's Spätzle oder Kartoffelknödel (aus gekochten Kartoffeln) und vielleicht Blaukraut. Als Getränk eignet sich ein Trollinger oder Schwarzriesling.

Zwiebelfleisch

Nicht umsonst sagt man den Schwaben nach, sie seien sparsam. Aber sie sind es meistens am rechten Fleck. Zwiebelfleisch wird nicht etwa von Abfallfleisch zubereitet, nein, was Suppenfleisch bei der Zubereitung einer Fleischbrühe an Kraft verloren hat, das wird ihm nun beim zweiten Kochgang wieder zugesetzt.

Für die Suppe werden Suppengrün und Rindsknochen in wenig Wasser zum Kochen gebracht, erst dann das Siedfleisch (Wade) zugegeben und sobald es weich ist, wieder herausgenommen und in feine Streifen geschnitten. Nun rösten Sie in einer Pfanne dünne Zwiebelscheiben mit Fett leicht an und geben die Fleischstreifen dazu. Mit Salz, Pfeffer, Knoblauchpulver würzen und auf großer Flamme unter ständigem Rühren heftig anbraten. Jetzt evtl. noch etwas Fett zugeben und 1 oder 2 geschlagene Eier darübergießen und stocken lassen. Dazu gibt's geröstete Kartoffeln und grünen Salat.

Schlecht wär's nicht, sich hinterher einen Magenbitter oder ein anderes Schnäpsle zu genehmigen.

Bei de Reiche lernt m'r 's Spare,
bei de Arme 's koche.

Krautwickel

Von einem Weißkrautkopf werden so viele fehlerfreie äußere Blätter abgelöst, wie man Krautwickel zubereiten will. Sie werden in einer Schüssel mit sprudelndem Salzwasser überbrüht und in ein Sieb gelegt, damit sie abtropfen können. Vom übrigen Krautkopf schneiden sie, nachdem der Strunk herausgebohrt wurde, feine Streifen.

1 mittlere Zwiebel wird in Butter hellgelb gedämpft, dann die Krautstreifen zugegeben und mit Salz, Pfeffer, Paprika und Muskat gewürzt. Unter ständigem Umrühren 5 bis 10 Minuten dämpfen. Mit Hackfleisch vermengen. Diese Masse auf die abgetropften, großen Krautblätter geben und diese an den unteren Enden einschlagen, dann zu Wickeln aufrollen. Mit weißem Bindfaden verschnüren. In einer Pfanne 1 EL Butter schmelzen, den Boden mit dünn geschnittenem Räucherspeck auslegen und die Krautwickel

nebeneinander draufsetzen. Anbraten lassen, dann mit Fleischbrühe oder Bratensoße ablöschen und auf kleiner Flamme zugedeckt gar dünsten, evtl. wenden und Brühe nachfüllen.

Krautwickel eignen sich sehr gut zum Einfrieren; bereiten Sie deshalb ruhig ein paar mehr zu.

Kalbsnierenbraten

Dies ist durchaus kein billiges Gericht. Man kann jedoch durch rationelle Aufteilung den Aufwand wettmachen, indem man dünne Scheiben aufschneidet und Übriggebliebenes, ebenfalls in dünne Scheiben geschnitten, kalt aufs Brot oder zu Kartoffelsalat reicht.

Am einfachsten wäre es natürlich, beim Metzger einen bereits gerollten Kalbsnierenbraten zu kaufen. Die Hausfrau kann aber auch nur einen Nierenbraten verlangen und die Kalbsniere dazu extra.

Für sechs Personen rechnen wir 1 1/2 Kilo. Das Bratenfleisch wird von außen und innen gut gewürzt, die Niere daraufgelegt, alles fest zusammengerollt und wie ein Paket mit Bindfaden verschnürt. Dann in heißem Fett ringsum anbraten. Zwiebelscheiben, 1 kleine gelbe Rübe, 1 Tomate, 1 Scheibe Sellerie zerkleinern und unter ständigem Rühren mit anbraten.

Wenn das Fleisch braun ist, etwa 1 EL Mehl im Bratensaft miträsten, mit Wasser oder Fleischbrühe ablöschen, eventuell noch 1 Brühwürfel zugeben. Im Backofen bei 200 Grad unter häufigem Übergießen und Wenden in etwa 1 1/2 bis 2 Stunden gar schmoren. Die Soße durch ein Sieb passieren und mit etwas süßer Sahne verfeinern.

Den in Scheiben geschnittenen Braten servieren Sie mit Spätzle und grünem Salat.

Eingemachtes Kalbfleisch

Das war früher, als man noch nicht so üppig gelebt hat wie heute, eine Speise, die man im Alltag eigentlich nur Wöchnerinnen und Rekonvaleszenten zubilligte, damit sie wieder „auf d'Füß'“ kamen.

500 bis 600 Gramm Kalbsbrust (sagen Sie Ihrem Metzger, wozu Sie sie verwenden wollen, dann gibt er Ihnen ein Stück vom dickeren Teil) schneiden Sie in ziemlich große Stücke, die Sie mit kochendem Wasser überbrühen. So wird das Fleisch schön weiß. Abtrocknen und mit Butter und einer feingewiegten Zwiebel in der Pfanne kurz dämpfen.

Etwa 3 EL Mehl darüberstäuben und mit ungefähr 3 Tassen Fleischbrühe ablöschen.

Hinzu kommen: 1 Zwiebel, die Sie mit 3 Nelken, 2 Lorbeerblättern und 5 bis 6 Pfefferkörnern spicken, 2 dicke Scheiben Zitrone (Kerne entfernen) und Salz.

Deckel drauf und langsam weich dünsten. Zuletzt eine gewässerte, feingewiegte Sardelle, 3 EL Weißwein und einen Spritzer Zitronensaft dazugeben. Vom Feuer nehmen und mit 1 Eigelb, das in 2 bis 3 EL Sauerrahm verquirlt wurde, abziehen. Nochmals abschmecken und evtl. Salz oder gekörnte Brühe hinzufügen, aber auf keinen Fall mehr kochen.

Dazu reichen Sie Spätzle oder Reis.

Auch heute ist das eingemachte Kalbfleisch eine kräftige und schmackhafte Diätkost, aber es schmeckt „au G'sonde guet".

Siedfleisch

„Siedfleisch mit Beilagen“, das kann man oft auf schwäbischen Speisekarten lesen. Darunter kann sich der Fremde nicht allzuviel vorstellen, im Gegensatz vielleicht zu dem Wiener Tafelspitz. In beiden Fällen handelt es sich um gekochtes Rindfleisch.

Beim Metzger verlangen Sie 750 Gramm Rindfleisch zum Kochen; er wird Ihnen entweder Wade oder Brustkern oder Brustspitze empfehlen oder auch, sofern er weiß, daß Sie gern fett essen, Überzwerches. Was Sie auch wählen, lassen Sie sich 3 bis 4 Sandknochen (Köpfe der Röhrenknochen) dazugeben. Diese Knochen werden mit grob geschnittenem Wurzelwerk, also Lauch, gelbe Rüben, Petersilie, Sellerie, in kaltem Wasser (etwa 1 Liter) aufs Feuer gesetzt. 1 Knoblauchzehe, 1 EL Salz und etwa 10 zerstoßene Pfefferkörner geben Sie noch hinzu.

Wünschen Sie eine schöne klare Brühe, dann fügen Sie die äußere, braune Schale von 1 Zwiebel bei.

Wenn die Knochenbrühe kocht, das Fleisch einlegen und die Hitze sofort reduzieren. Das Fleisch soll nur leise köcheln, etwa 2 Stunden lang. Den Deckel legen Sie nur halb auf.

Ist das Fleisch weich, wird es in Scheiben aufgeschnitten und auf einer vorgewärmten Platte angerichtet. Etwas von der heißen Fleischbrühe wird darübergegossen. Zu diesem warmen Fleisch aus dem Sud kann man geriebenen Meerrettich, Rote-Rüben-Salat und Salzkartoffeln oder Kartoffel-Karotten-Gemüse geben.

Manche mögen auch dazu süß-sauer eingemachtes Zwetschgen-G'sälz oder die teureren Preiselbeeren. Wieder andere tunken das Fleisch in Salz und Pfeffer und essen ein Stück Bauernbrot dazu.

Gefüllte Kalbsbrust

Dieses Gericht will geplant sein. Bestellen Sie bei Ihrem Metzger vor seinem Schlachttag eine Kalbsbrust (1 Kilo Kalbsbrust ergibt 4 bis 6 Portionen) und bitten Sie ihn, er möge sie zum Füllen vorbereiten. Er wird die Rippenknochen und Brustknorpel entfernen und die Brust zu einer Tasche aufschneiden.

Die Fülle bereiten Sie so: 3 trockene Brötchen werden abgerieben. Das Innere wird in Würfel geschnitten und in 1/4 Liter Milch eingeweicht. 1 kleingehackte Zwiebel, 1 EL gewiegte Petersilie und 1 durchgedrückte Knoblauchzehe werden zusammen mit den ausgedrückten Brötchen in 2 EL Butter gedämpft.

Diese Masse vermengen Sie mit 250 Gramm Hackfleisch, 100 Gramm Bratwurstbrät, 2 Eigelb und je 1 kräftigen Prise Salz und Muskat. Der steif geschlagene Eischnee wird zuletzt leicht untergezogen.

Gefüllte Kalbsbrust

Die innen und außen mit Salz und Pfeffer eingeriebene Kalbsbrust wird mit dem Fleischteig gefüllt und mit Leinenfaden zugenäht. Im gut vorgeheizten Backofen wird die Brust in einer Kasserolle auf beiden Seiten mit Bratfett angebraten. In die Kasserolle legen Sie 1 gelbe Rübe, 1 kleine Zwiebel, 1 Tomate und 1 Selleriescheibe. Sie werden nachher zur Soße benötigt.

Bei mäßiger Hitze und häufigem Begießen lassen Sie die Brust knusprig braun backen. Dann den Soßenfond mit wenig Wasser loskochen und anschließend durchpassieren, mit etwas Fleischbrühe und saurem Rahm zur Soße aufkochen.

Die Kalbsbrust wird in Scheiben geschnitten serviert.

Dazu passen natürlich – wie könnte es anders sein – Spätzle und außerdem Ackersalat.

Man kann die gefüllte Kalbsbrust auch kalt reichen.
Ganz Raffinierte geben in den Fleischteig auch noch Pistazienkerne hinein.
Backzeit: 1 bis 1 1/2 Stunden

**Kommet nach dem Kaffee,
nò könnet ihr zom Nachtessa
wieder drhoim sei'.**

Hohenloher Pfannenbrätle

Aus dem fränkischen Landesteil zwischen Neckar und Tauber stammt dieses Sonntagsessen.

Dünne Scheiben vom Sattelstück des Schweins werden leicht in Mehl gewendet und mit nicht zu wenig Fett in der Pfanne gebraten. Vorher hat man schon frische Champignons oder Pfifferlinge – besser noch beide Pilzarten zusammen – mit abgezogenen Tomatenwürfeln leicht gedämpft und gewürzt.

Auf einem vorgewärmten Teller werden die Fleischscheiben, das „Pfannenbrätle“, mit den Pilzen bedeckt. Abgekochter Stangenspargel wird darauf gelegt und das Ganze schließlich mit einer Sauce hollandaise überzogen.

Dazu reichen Sie entweder selbstgemachte Butternudeln, Kartoffelkroketten oder – was für einen Schwaben unüblich ist, aber gut schmeckt und nicht zu mächtig ist – warmes französisches Stangenweißbrot.

Innereien

Kutteln

Kutteln oder Kaldaunen, der Vormagen des Rindes, werden nur in einigen Teilen Deutschlands, so im Schwäbischen, aber auch in Frankreich, Italien und der Schweiz geschätzt.

500 Gramm gekochte Kutteln lassen Sie sich schon vom Metzger in feine Streifen schneiden.

Aus 50 Gramm Butter, 2 EL Mehl und ungefähr 3/4 Liter Wasser bereiten Sie eine dunkle Schwitze.

Etwas gekörnte Brühe, frisch gemahlenen Pfeffer, 2 Lorbeerblätter, 3 bis 5 Nelken und 1 ganze kleine Zwiebel lassen Sie zusammen mit den Kutteln 15 bis 20 Minuten gut durchkochen.

Zum Schluß schmecken Sie mit einem Schuß Essig oder Rotwein ab.

Immer öfter liest man auch bei uns auf Speisekarten: „Kutteln in Calvados". Das ist nicht schwäbisch, „aber 's schmeckt guet". Als Beilage reichen Sie geröstete

Kartoffeln und ein Gläsle Trollinger. Im Gegensatz zu diesen sauren Kutteln gibt es eine weitere schwäbische Spezialität, nämlich:

Geröstete Kutteln

1 kleine Zwiebel dünsten Sie in reichlich Butter hellgelb. Die gekochten und geschnittenen Kutteln geben Sie hinzu. Unter ständigem Umrühren 20 Minuten rösten lassen, mit Salz und frischem Pfeffer würzen. 2 geschlagene Eier darübergeben und kurz stocken lassen; nur kurz, wie gesagt, sonst wird das Gericht zu trocken.

Dazu reicht man grünen Salat.

Kuttelsalat

500 Gramm Kutteln vom fleischigen Teil, besonders weich gekocht und fein geschnitten, werden mit einer warmen Marinade aus Essig, Salz, Pfeffer, einer Prise Zucker und feingewiegten Zwiebeln übergossen.

Eine große Tasse gelbe oder rote Linsen waschen und in reichlich, leicht gesalzenem Wasser weich kochen. Sie müssen jedoch ganz bleiben und einen Biß behalten; das dauert nicht länger als 10 bis 15 Minuten. Mit kaltem Wasser abschrekken und gut abtropfen lassen.

Zu den Kutteln geben und vorsichtig vermischen. Abschmecken, evtl. mit Essig und Salz nachwürzen. Obendrauf einen Hauch Pfefferschrot aus der (auf grob gestellten) Mühle geben.

Auf ein Salatblatt garniert, eine aparte Vorspeise, mit Butterbrot ein sommerliches Gericht.

Kalbsnierle

1 Kalbsniere wird gut gewässert, abgetrocknet und in ganz feine Scheiben geschnitten. Dann schneiden Sie Zwiebeln in sehr feine Ringe und dämpfen sie in heißem Fett hellgelb.

Jetzt werden die geschnittenen Nieren zugegeben und mitgeröstet, bis sie nicht mehr rot sind.

Dann werden sie mit Mehl überstäubt und mit Wasser oder Fleischbrühe aufgegossen und 10 bis 15 Minuten lang gar gedämpft. Kochen Sie auch ein Lorbeerblatt und eine Nelke mit.

Kurz vor dem Anrichten mit Salz, Pfeffer, saurem Rahm und Rotwein oder Essig würzen. Vorsicht, nicht zu sauer machen, sonst geht der feine Nierengeschmack verloren.

Zu den sauren Nierle gibt es geröstete Kartöffele, Spätzle oder eine Scheibe Schwarzbrot. Salat eignet sich nicht als Beilage.

Gebackene Briesle

2 Kalbsbriesle werden folgendermaßen vorbereitet: Etwa 2 Stunden wässern, danach mit heißem Wasser kurz überbrühen, damit sie schön weiß werden. Zwischen zwei angefeuchtete Holzbrettchen pressen und auskühlen lassen (damit die Fasern zerdrückt werden). Nach dem Abkühlen Röhren, Hautreste und blutige Stellen entfernen.

Jetzt schneiden Sie die Briesle in fingerdicke Scheiben, würzen sie mit Salz und Pfeffer und wenden sie in zerschlagenem Ei und Weckmehl. Dann werden sie in heißem Fett goldbraun gebacken.

Dazu gibt's eine Schüssel knackigen Salat, wenn's ein Mittagessen sein soll.

Hat in früheren Zeiten der Handwerksmeister am späten Vormittag in seinem Stammwirtschäftle zu einem Viertele Trollinger ein Briesle bestellt, konnte man sicher sein, daß er gerade einen guten Auftrag bekommen oder soeben eine Rechnung kassiert hatte. Denn ein Briesle war allemal was Teueres.

Und jetzt ist es wieder so „modern“, daß es meistens ausverkauft ist.

**Das send rechte Leut’,
die beim Schaffe frieret
ond beim Esse schwitzet!**

Leberknödel

Dazu benötigen Sie: 375 Gramm gehackte, gemischte Leber, 3 Eier, 4 alte Brötchen, Salz, Pfeffer, Muskat, Petersilie und Zwiebel.

2 Brötchen werden kleingeschnitten, mit heißem Wasser übergossen und dann stehen gelassen, bis sie weich sind.

Die gehackte Leber wird inzwischen mit Salz, Pfeffer, Muskat und den 3 Eiern gut vermischt. Die beiden anderen Brötchen werden in ganz kleine Würfel geschnitten und trocken ebenfalls zur Leber gegeben. Dieser Teig muß nun mindestens 1/2 Stunde kühl ruhen.

Zwiebel und Petersilie hacken Sie sehr fein und dünsten sie zusammen mit den beiden ersten Brötchen, die Sie vorher gut ausgedrückt und zerrissen haben, in Butter, bis die Zwiebeln glasig sind. Diese Masse lassen Sie auskühlen und mengen sie ebenfalls unter den Leberteig.

Daraus mit einem angefeuchteten Eßlöffel schlanke Knödel stechen und in sprudelndes, leicht gesalzenes Wasser legen, dann darin bei schwacher Kochhitze 8 bis 10 Minuten lang ziehen lassen.

Nun gibt es mehrere Möglichkeiten: Entweder legen Sie die Leberknödel aus dem Sud in gut gewürzte Fleischbrühe ein und servieren sie so als „größere" Suppe, oder Sie überschmälzen sie mit in Butter geröstetem Weckmehl und geben Kartoffelsalat dazu.

Dieses Mittagessen hält bestimmt vor bis zum 6-Uhr-Läuten.

Saures Herz

Für den Tag nach dem Schlachttag hat früher die schwäbische Hausfrau Innereien bestellt: Kutteln, Kalbs-, Rinds-, Schweineleber oder ein ganzes Kalbsherz. Vorbestellung ist heute nicht mehr erforderlich. Dank der Tiefkühltechnik und der Kühlhäuser gibt es sie heute beim Metzger und in Supermärkten die ganze Woche über.

Für ein größeres Kalbsherz bereiten Sie einen Sud aus etwa 1½ Liter Wasser, 1 TL Salz, reichlich Suppengrün, 1 Sellerieknolle, 1 gelben Rübe, 1 Zwiebel, etwas Tomatenmark, etwa 5 zerstoßenen Pfefferkörnern und 1 großen Knoblauchspalte. Ungefähr 20 Minuten lang gut durchkochen.

Inzwischen das Kalbsherz waschen und alle Röhren und Muskelfasern entfernen. In die sprudelnde Brühe einlegen und weich kochen.

In $1^1/_2$ EL Butter oder Margarine rösten Sie 2 bis 3 EL Mehl und löschen mit der durchgeseihten Kalbsherzbrühe ab. Nun mit 1 Prise Zucker, je 1 Prise Thymian und Piment, 2 EL Essig und einem Schuß Rotwein würzen. Das Herz in Streifen schneiden und in der Soße noch einmal kurz aufkochen.

Dazu essen wir Salzkartoffeln oder Spätzle.

Hirnschnitten

Hirnschnitten eignen sich ohne Beilage sehr gut für ein spätes Frühstück, mit gedämpften frischen Pilzen und grünem Salat zu einem exquisiten Mittag- oder Abendessen.

1 Kalbshirn wird mehrmals in frisches, kaltes Wasser gelegt, bis alles Blut ausgeschwemmt ist. Dann noch einmal ein paar Minuten lang in lauwarmes Wasser geben, häuten und abtropfen lassen. Zusammen mit einer fein geschnittenen Zwiebel braten Sie das Hirn mit Butter ringsum an. 2 abgeriebene alte Brötchen werden in Milch eingeweicht, ausgedrückt und mit 2 Eigelb gut vermengt. Salzen und pfeffern und mit der gehackten, kalten Hirnmasse mischen. Diese Masse großzügig auf Toastbrot streichen. Anschließend im Grill überbacken.

Süßspeisen

Hefezopf

Ein Hefezopf sollte unbedingt aus einer größeren Menge Mehl hergestellt werden. Und zwar einfach deshalb, weil er innen schön locker sein muß und außen von einem kräftigen Braun. Bei geringerer Teigmenge wird sein Innenleben zu trocken. Ich bin jedoch sicher, wenn Sie einen großen schwäbischen Hefezopf machen, stellen sich die Esser von selber ein, schon wegen des herrlichen Dufts, der das ganze Haus durchzieht. Man kann ihn aber auch gut einfrieren, wenn er abgekühlt ist.

60 Gramm Hefe werden in lauwarmer Milch mit 1 Prise Zucker aufgelöst, 2 Kilo Mehl zu einer Mulde geformt. Dahinein geben Sie die aufgelöste Hefe. Zum Gehenlassen an einen warmen Ort stellen.

Inzwischen 300 Gramm Butter mit 150 Gramm Zucker schaumig schlagen.

Saft und abgeriebene Schale einer ganzen Zitrone und 1 TL Salz hinzufügen.

Alle Zutaten zusammen mit 1 Liter lauwarmer Milch tüchtig verkneten und schlagen bis der Teig Blasen wirft. Nun mit einem Küchentuch bedeckt an einen warmen, zugfreien Ort stellen, bis er zu doppeltem Umfang aufgegangen ist.

Dann den Teig in 3 gleichgroße Portionen teilen und jede zu einer langen Wurst ausrollen. Jetzt von der Mitte aus einen Zopf flechten und auf ein gefettetes Kuchenblech legen. Nochmals kurz ruhen lassen, dann sorgfältig mit Eigelb bepinseln und Hagelzucker und gestiftelte Mandeln darauf geben.

Man kann, wenn man will, in den Teig beim Zusammenmengen ein Händchen gewaschene und abgetrocknete Rosinen geben.

Im vorgeheizten Ofen bei mittlerer Hitze schön braun backen.

Köstlich, aber nicht unbedingt bekömmlich ist es, den Hefezopf noch lauwarm zu einer Tasse Kaffee zu verspeisen. Barbarisch wäre es, ihn in diesem Zustand einzutunken. Das macht man später, wenn er altbacken ist.

M'r glaubt gar net,
was älles in ein' neigeht,
wenn m'r eing'lade isch.

Süße Quarkpfannkuchen

8 dünne Flädle werden (nach dem Rezept Seite 120) mit wenig Fett ausgebacken. 500 Gramm Quark wird mit Zucker, Rosinen und 4 Eigelb vermengt und der steife Eischnee daruntergezogen. Mit dieser Masse bestreichen Sie die Flädle, die danach aufgerollt werden.

In eine gut gebutterte Kasserolle oder Auflaufform legen Sie 4 Flädle nebeneinander, die anderen 4 quer dazu. Obenauf Butterflöckchen setzen und außerdem – wenn Sie mögen – geriebene Haselnüsse darüberstreuen.

Im vorgeheizten Ofen 30 bis 40 Minuten backen.

Das ist etwas für große und kleine Leckermäuler und nahrhaft obendrein. Und sogar kalt schmecken sie gut.

Aufgezogene Dampfnudeln

Das Kinderlied „Dampfnudeln ham'er gestern g'habt, Dampfnudeln ham'er heut" kommt zwar nicht aus dem Schwäbischen, aber bei uns wird diese Süßspeise an fleischlosen Tagen ebenso gern gegessen. Zuerst bereiten wir einen nicht zu festen Hefeteig und stellen ihn warm, bis er zu doppelter Größe aufgegangen ist. In einer gut schließenden Kasserolle werden 1 Tasse Wasser, 1 EL Butter und eine Prise Salz erhitzt. Statt Wasser können Sie auch Milch und statt Salz 1 EL Zucker nehmen. Von dem aufgegangenen Teig formen wir tassengroße Kugeln; die setzen wir nebeneinander in die kochende Flüssigkeit. Gut zugedeckt etwa 20 bis 25 Minuten bei kleiner Hitze dämpfen lassen. Sobald die Dampfnudeln an der Unterseite eine Kruste bekommen, mit der Backschaufel herausnehmen und sofort servieren.

Aufgezogene Dampfnudeln

Stören Sie sich nicht daran, wenn Ihnen beim Öffnen des Deckels „Bleichgesichter" entgegenschauen; das haben die aufgezogenen Dampfnudeln so an sich, denn sie sind ja nicht gebacken, sondern im Dampf aufgezogen (daher der Name).

Zu den Dampfnudeln gibt es Kompott oder warme Vanillesoße.

Kirschenpfannkuchen

Der 29. Juni, Peter und Paul, gilt bei uns allgemein als Höhepunkt der Kirschensaison. Man sollte in den Tagen um dieses Datum keine Gelegenheit versäumen, diese herrlich aromatischen Früchte auf den Tisch zu bringen; Zubereitungsarten gibt es viele. Machen Sie doch mal Kirschenpfannkuchen.

Dazu brauchen Sie 4 alte Brötchen. Die weichen Sie in kaltem Wasser ein, drükken sie fest aus und zerrühren oder zerzupfen sie. Dahinein rühren Sie nacheinander: 4 EL Mehl, 1 kleine Tasse Milch, 3 Eier, 2 EL Zucker, 1 TL gemahlenen Zimt und etwa 1 Kilo entsteinte Kirschen, möglichst die von der dunklen, saftigen Sorte. In heißem Fett backen Sie nun recht kleine Pfannkuchen auf beiden Seiten hellbraun und bestreuen sie mit einer Mischung aus Zucker und Zimt. Wer sich nicht gern an Süßem satt ißt, bekommt vorher einen Teller Gemüsesuppe.

Rhabarberkuchen

In jedem schwäbischen Gärtle oder im Wengert hat's ein oder zwei Rhabarberstauden.

Im Frühjahr holt die Hausfrau 5 oder 6 Stangen mit den merkwürdig großen Blättern herein und zaubert daraus eine Köstlichkeit, die selbst eingeschworene Kuchengegner entzückt.

Aus 200 Gramm Mehl, 125 Gramm Butter und 1 Becher Sauerrahm wird rasch ein Hackteig hergestellt, den man mindestens eine Stunde kalt stellen sollte. Dann wird er ausgewellt und eine runde Backform mit ihm belegt. Den Rand sollten Sie möglichst ganz hochziehen, damit der saftige Belag nachher nicht überkocht.

Diesen bereiten Sie folgendermaßen: Rhabarberstengel sorgfältig schälen, in 2 bis 3 Zentimeter große Stücke schneiden und mit kochendem Wasser kurz überbrühen. Abtropfen lassen, reichlich zuckern und auf dem Teigboden gleichmäßig verteilen.

Für den Guß rühren Sie 1/4 Liter süßen Rahm mit 2 bis 3 EL Mehl, 3 Eigelb und 150 Gramm Zucker schaumig, das Eiweiß wird zu einem steifen Schnee geschlagen und unter die Masse gehoben. Im gut vorgeheizten Ofen etwa 35 Minuten backen.

Streuselkuchen

Dieses etwas blaß wirkende Backwerk entfaltet seine ganze Köstlichkeit schon beim ersten Bissen. Sollte sich später ein leichtes Magendrücken einstellen, so hat man's halt mal wieder „nicht verheben" können, ein Stück frisch aus dem Backofen, bevor der Kuchen ganz erkaltet war, zu naschen.

Bereitet wird der Streuselkuchen so: aus 500 Gramm Mehl, 20 Gramm Hefe, 100 Gramm Butter, 50 Gramm Zucker, 2 Eiern, 1 abgeriebenen Zitronenschale, etwas Zitronensaft, 1/4 Liter Milch und 1 Stich Schweinefett wird ein Hefeteig geschlagen, der dann an einen warmen, zugfreien Ort gestellt wird. Ist er zu doppelter Größe aufgegangen, wird er ausgewellt und auf einem rechteckigen, gut gefetteten Backblech verteilt. Nochmals kurz gehen lassen. Die Oberfläche mit einer Gabel einstechen und mit zerlassener Butter bestreichen. Zuletzt werden die Streusel gleichmäßig darauf verteilt. Für die Streusel brauchen Sie je 100 Gramm Butter, Zucker und Mehl, 1 Beutelchen gehackte Mandeln und 1/2 TL gemahlenen Zimt. Diese Zutaten werden mit den Händen verknetet, bis die Masse bröselig wird. Vor dem Auftragen auf den Teig noch einmal kurz in den Kühlschrank stellen.

Flachswickel

Das ist ein ganz feines Hefegebäck, das man sehr gut zur Kaffeestunde oder auch am Sonntagmorgen auf den Tisch bringen kann.

250 Gramm Butter (vorher schaumig gerührt), 2 Eier (nicht aus dem Kühlschrank), 1 Prise Salz, 500 Gramm Mehl und 30 Gramm Hefe (mit 1 TL Zucker und etwas lauwarmer Milch aufgelöst) werden gut miteinander vermengt und zu einem glatten, glänzenden Teig verknetet. Daraus wird eine schmale Wurst geformt und von dieser jeweils etwa 3 Zentimeter breite Stückchen abgeschnitten. Jedes wird mit den Händen in etwa 10 Zentimeter lange Rollen ausgeformt. In Hagelzucker oder – noch besser – in einer Mischung aus Sandzucker und Zimt wälzen, dann 3 Würstchen jeweils zu einem Zopf schlingen und die auf ein gut gefettetes Backblech setzen.

Nun mit einem Küchentuch zugedeckt 1/2 bis 3/4 Stunde an einem warmen Ort gehen lassen. Dann mit „verkleppertem“ Eigelb einpinseln und bei mittlerer Hitze etwa 30 Minuten hellgelb backen.

Mit solchen Flachswickeln können Sie bei Ihrer nächsten Kaffee-Einladung bestimmt ein bißchen glänzen. Sie können sie auch einfrieren und nach dem Auftauen im Backofen ausbacken.

Schneckennudeln

Für dieses berühmte schwäbische Kaffeegebäck in Untertassengröße und -form bereiten Sie einen Hefeteig oder, noch besser für den Anfang, kaufen Sie aus der Tiefkühltruhe einen Hefeteig schwäbischer Art. Diesen bereiten Sie – wie auf der Packung angegeben – vor. Nach dem Gehen wird das Hefestück auf etwa 20 mal 40 Zentimeter ausgewellt. Diese Teigplatte wird nun mit zerlassener Butter bestrichen und mit einer Handvoll gewaschener und abgetrockneter Sultaninen und Korinthen sowie einer Zucker-Zimt-Mischung (Verhältnis 6:1) bestreut. Als nächstes wird das Teigstück von der schmalen Seite her nicht zu fest aufgerollt und mit einem scharfen Messer in schmale, höchstens 2 Zentimeter breite Streifen geschnitten und diese mit der Schnittfläche auf ein gut gebuttertes Backblech gesetzt (bitte nicht zu nahe nebeneinander, sie gehen noch auf).

An warmem Ort mit einem Küchentuch zugedeckt nochmals gehen lassen und abschließend mit verquirltem Eidotter bepinseln.

Im vorgeheizten Ofen werden die Schneckennudeln auf mittlerer Leiste bei mittlerer Hitze hellbraun gebacken. Sobald sie aus dem Ofen kommen, werden sie noch warm mit einer Zitronenzuckerglasur bestrichen, die Sie während dem Backen vorbereitet haben: 125 Gramm Puderzucker mit 1 EL Wasser und 2 EL Zitronensaft so lange „zum Faden“ kochen (d. h. bis die Flüssigkeit klar ist).

Diese Glasur streichen Sie mit einem Backpinsel auf die noch warmen Schneckennudeln. So verfeinert sich ihr Geschmack, und sie sehen dadurch auch hübsch aus.

Grießschnitten

Grießschnitten kann man für „Süße" bereiten wie auch für diejenigen, die's rezent mögen. Der Grundteig, nämlich der Grießbrei, ist bei beiden Herstellungsarten gleich.

Aus 1 Liter Milch, 50 Gramm Butter, 1 Prise Salz, der abgeriebenen Schale von 1 Zitrone und 250 Gramm Grieß kochen wir einen sehr dicken Grießbrei (wenn er anfängt dick zu werden, die Hitze drosseln, denn er brennt leicht an).

Nach dem Abkühlen 2 bis 3 Eier unterrühren. Wenn Sie süße Schnitten machen wollen, dann geben Sie jetzt unter diese Masse 2 EL Zucker.

Die Grießmasse auf ein befeuchtetes Backblech streichen und mit einem Teigschaber gleichmäßig dick verteilen.

Nach dem völligen Erkalten den Brei in Rauten, Quadrate oder Rechtecke schneiden und auf beiden Seiten hellbraun in reichlich Fett ausbacken. Noch eine Variante hierzu: Man kann die Schnitten auch vor dem Backen in Ei und Weckmehl wenden.

Die süßen Schnitten werden mit Zimt und Zucker bestreut. Dazu gibt's gekochtes Obst (Sauerkirschen schmecken besonders gut). Zu den ungesüßten Grießschnitten reichen Sie eine Schüssel grünen oder gemischten Salat. Es soll Leute geben – und nicht nur Schwaben –, die bestellen dazu auch noch einen saftigen Kartoffelsalat.

Apfelküchle

Zuerst bereiten wir einen Bierteig aus 250 Gramm Mehl, 1/4 Liter Bier, 1 EL Öl, 1 Prise Salz, 1 EL Zucker und 4 Eigelb. Diese Zutaten werden zu einem halbfesten Teig verarbeitet, unter den man zuletzt den Schnee der 4 Eiweiß zieht.

Dann werden 4 gleichgroße, würzige Äpfel (es eignen sich auch recht gut schon die ersten, frühen Früchte, die weißen Kläräpfel) von Schale und Kernhaus befreit und in etwa 1 bis 2 Zentimeter dicke Ringe geschnitten. Diese beträufeln Sie mit Zitronensaft, außerdem mit Rum oder Arrak, und zum Schluß geben Sie etwas Zucker hinzu.

Die Apfelscheiben werden nun schwach bemehlt und durch den Bierteig gezogen. In reichlich heißem Fett backen Sie die Küchle auf beiden Seiten goldgelb. Noch heiß werden sie sofort mit Zimtzucker bestreut.

Dazu gibt es Vanillesoße, Weinschaumcreme oder ganz einfach eine gute Tasse Kaffee.

Früher waren Apfelküchle in Bierteig eine Mahlzeit für sich an fleischlosen Tagen, heute erntet die Hausfrau ein großes Lob von ihren Gästen, wenn Sie sie als Nachtischüberraschung serviert. Ein Apfelküchle geht immer noch „nonder“.

Pfitzauf

Um dieses herrliche, luftige Eiergebäck herstellen zu können, braucht man ein spezielles Gefäß: die irdene, glasierte Pfitzaufform, die es möglich macht, jeweils 6 Stück dieses Gebäcks auf einen Sitz auszubacken. Man bekommt sie in jedem guten schwäbischen Haushaltswarengeschäft.

Die Zutaten für zweimal 6 Pfitzauf: 375 Gramm Mehl werden mit 3/4 Liter Milch glatt gerührt. 50 Gramm Zucker und 5 ganze Eier werden schaumig geschlagen und in die Mehl-/Milchmasse gerührt. Zum Schluß fügen Sie noch 100 Gramm zerlassene, lauwarme Butter hinzu. Alle Zutaten bitte nochmals gut verrühren und in die mit Butter gefettete Pfitzaufform füllen, jedoch nur bis zur halben Höhe; lieber noch weniger, weil unser Gebäck stark „aufpfitzt“.

Bei mittlerer Hitze goldgelb ausbacken; möglichst die Backofentür in der ersten

Zeit nicht öffnen. Die Pfitzauf werden noch heiß aus der Form genommen und mit Puderzucker bestreut.
Dazu gibt's Schlagsahne und Kaffee oder Backobst oder eine Vanillecreme.
Man kann den Zucker auch weglassen und nach dem Erkalten das Gebäck aufschneiden und zum Beispiel mit Sahnemeerrettich füllen.

Butter-S

Butter-S werden nicht ausgestochen, sondern von der schwäbischen Hausfrau perfekt von Hand geformt. Jedes der S-förmigen „Weihnachtsgutsle“ muß gleich groß und gleich dick sein.

Die Zutaten: 500 Gramm Mehl, 250 Gramm Butter, 125 Gramm Zucker, 7 Eigelb oder 3 ganze Eier.

Diese Zutaten für 80 bis 100 „Essle“ werden auf dem Nudelbrett rasch zu einem geschmeidigen Teig verarbeitet, den man anschließend etwa 1 Stunde kalt ruhen läßt. Sie können ihn auch über Nacht kalt stellen, dann verteilt sich die Arbeit auf 2 Tage (was Berufstätige vielleicht begrüßen).

Schneiden Sie den Teig in 2 bis 3 Teile und formen Sie jeden in Würste von 2 1/2 bis 3 Zentimeter Dicke.

Von ihnen schneiden Sie schmale Stücke ab, die Sie zu kleinen Würsten rollen und in S-Form aufs gefettete Blech legen.

Mit schaumig geschlagenem Eiweiß werden diese überpinselt und dick mit Hagelzucker bestreut.

Bei mittlerer Hitze hellgelb backen.

Anderes Weihnachtsgebäck kann man auch mit Margarine zubereiten; doch bei den „Butter-Essle“ muß es aber wirklich Butter sein.

Ausstecherle

Zu den beliebtesten schwäbischen Weihnachtsgebäckarten gehören die Ausstecherle. Kinder mögen sie besonders gern, weil sie lustige Figuren erkennen lassen wie Schweinchen, Herzle, Schmetterlinge, Halbmonde und Pilze.

Die Ausstechförmle bekommt man in jedem Haushaltswarengeschäft. Die Zutaten für den Teig: 500 Gramm Mehl, 250 Gramm Butter, 150 bis 250 Gramm Zucker, 3 bis 4 ganze Eier, reichlich abgeriebene Zitrone. (Ergibt 90 bis 100 Stück.) Man siebt das Mehl durch und verknetet es mit den übrigen Zutaten zu einem Mürbteig (man kann ihn auch hakken, dann wird er noch feiner). Der Teig muß eine Stunde im Kalten ruhen; er kann auch ohne Bedenken, in Folie eingewickelt, in den Kühlschrank gestellt werden. Nun wird er mit dem Messer in zwei oder drei Teile geschnitten, die in 1/2 Zentimeter dicke Platten ausgewellt werden. Bitte gleichmäßig auswellen und keinesfalls dicker als 5 Millimeter, sonst haben die Ausstecherle nach dem Backen durch unterschiedliche Braunfärbung weder gleichmäßiges Aussehen noch gleichen Geschmack.

Aus dem Teig stechen Sie mit den Förmchen die Figuren aus; Teigreste werden erneut ausgewellt.

Das Gebäck wird mit zerquirltem Eigelb bepinselt. Zusätzlich kann man Hagelzucker oder gestiftelte oder geblättelte Mandeln oder die bunten Zuckerstreusel darauf geben.

Bei mittlerer Hitze in der mittleren Leiste 5 bis 10 Minuten hellgelb backen. Dieses dünne Gebäck ist sehr schnell fertig; man darf sich nicht ablenken lassen, sonst ist ein ganzes Blech voller „Gutsle“ verdorben.

Nach dem Abkühlen in Blechdosen schichten.

Albertle

Die Schwaben kennen ein reiches Sortiment an Weihnachtsgebäck, sprich: Gutsle. Der schwäbischen Hausfrau ist zu dieser Zeit keine Mühe zu groß, ihre Lieben im Advent mit ihren Backkünsten zu überraschen. Wir kennen Butter-„Essle“ (Rezept Seite 100), Ausstecherle (Rezept Seite 102), Springerle und hier die Albertle. Und deren Rezept möchte ich Ihnen hier aufschreiben: Die Zutaten sind 500 Gramm Mehl, 250 Gramm Zucker, 4 Eier, 125 Gramm Butter, 250 Gramm Stärkemehl, 3 EL süßer Rahm, je 1 Päckchen Backpulver und Vanillezucker.

Die Butter kommt zuerst dran; sie wird schaumig gerührt. Dahinein kommen abwechselnd die anderen Zutaten; nur vom Mehl behalten Sie 100 Gramm zurück. Auf dem Backbrett wird alles rasch zu einem glatten Teig verknetet, das zurückbehaltene Mehl wird nun auch mitverarbeitet. Den Teig stellen Sie kühl und lassen ihn eine Stunde ruhen. Danach wird er dünn ausgewellt und das Reibeisen auf ihn gedrückt, so daß ein Muster entsteht. Nun wird er in kleine Vierecke geschnitten oder aber mit Förmchen ausgestochen.

Auf einem gut gefetteten Backblech hellgelb backen.

Übrigens: Albertle sind kein ausgesprochenes Weihnachtsgebäck, fürsorgliche Mütter von Kleinkindern haben sie früher das ganze Jahr über gebacken. Diese Aufgabe haben ihr heute die Kekshersteller abgenommen.

Ofenschlupfer

5 bis 6 alte Brötchen werden in feine Scheiben geschnitten. Etwa 1/2 Liter Milch süßen Sie mit Zucker, gießen Sie über die Brötchenscheiben und lassen sie durchweichen.

Inzwischen werden etwa 500 Gramm mürbe, geschälte Äpfel klein geschnitten und mit sehr wenig Wasser, Zucker und 1 Prise Zimt weichgedämpft.

Nun füllen Sie eine gut gefettete Form abwechslungsweise mit den eingeweichten Brötchen, mit gehackten Mandeln, gewaschenen Rosinen und den gekochten Äpfeln auf. Die oberste Schicht muß aus Brötchen bestehen.

Nun gießen Sie über das Ganze 2 mit Milch und Zucker verquirlte Eier und setzen reichlich Butterflöckchen obendrauf.

Bei sehr guter Backofenhitze etwa 1 Stunde hellbraun knusprig backen.

Ofenschlupfer

Dazu gibt's Vanillemilch (mit Vanilleschoten und wenig Zucker aufgekochte Milch) oder, wenn man will, gekochtes Obst. Genauso gern wird aber auch eine gute Tasse Kaffee dazu getrunken.

Essa ond Trenka
hält Leib ond Seel' zusammen

Schwarzwälder Kirschtorte

Diese Torte soll zwar der Chefkoch eines persischen Harems erfunden haben, um den Damen auf Wunsch des Kalifen vollere Formen zu verleihen; unsere Zeit verbindet sie aber mit dem Namen des schönsten deutschen Waldgebirges. Für die original Schwarzwälder Kirschtorte kommen nur Sauerkirschen in Frage. Zutaten für die Teigschichten: 150 Gramm Butter, 150 Gramm Zucker, 4 Eier, etwa 1/8 Liter Milch, 100 Gramm geriebene dunkle Schokolade, 250 Gramm Mehl, 1 TL Backpulver. Zutaten für die Füllung: 750 Gramm entsteinte Sauerkirschen, 3 EL Zucker, 5–10 EL Schwarzwälder Kirschwasser, 3/4 Liter steif geschlagene Sahne (mit 4–6 Blatt aufgelöster Gelatine gesteift und mit 2–3 EL Zucker gesüßt). Zum Bestreuen der fertigen Torte: 50 Gramm Schokoladenspäne.

Für den Biskuitteig rührt man die Butter schaumig, gibt Zucker, Eigelb, Milch und

Schokolade dazu, rührt nach und nach das mit Backpulver vermischte, gesiebte Mehl ein und zieht zuletzt den steifgeschlagenen Eischnee unter. In einer gefetteten, bemehlten Springform (25 Zentimeter Durchmesser) wird der Teig bei mäßiger Hitze goldgelb gebacken. (Biskuitboden gibt es auch in guter Qualität fertig im Handel.)

Die Kirschen werden mit Zucker bestreut und einige Stunden zur Seite gestellt. Nach Auskühlen wird der Tortenteig zweimal durchgeschnitten. Die unterste Platte beträufelt man mit Kirschwasser, legt die abgetropften Kirschen dicht nebeneinander darauf und bestreicht sie mit der Sahne. Die nächste Tortenplatte beträufelt man mit dem zurückgebliebenen Saft der Kirschen und gibt wieder eine Sahneschicht darauf. Mit der dritten Teigschicht wird abgedeckt, die restliche Sahne darauf glattgestrichen und die Schokoladenspäne darübergestreut. Die Schwarzwälder Kirschtorte ist ein Sahnegebäck, das auch von uns Männern akzeptiert wird, weil sie durch die Sauerkirschen und den Alkohol einen „Touch von herber Männlichkeit“ besitzt.

Rote Grütze

Wenn Frischbeerenzeit ist, mag mancher es bedauern, daß er die erfrischenden Obstspeisen des Hochsommers nicht auch in der kalten Jahreszeit bereiten kann. Rote Grütze läßt sich jedoch auch aus tiefgefrorenen Beeren herstellen.

Sie brauchen 500 Gramm Träuble (Johannisbeeren) und 250 Gramm Himbeeren. Mit 200 bis 250 Gramm Zucker werden sie in etwa 1/2 Liter Wasser weich gekocht und anschließend heiß durch ein Sieb passiert. Den so gewonnenen Saft füllen Sie mit Wasser zu 1 Liter Gesamtmenge auf.

In 1/4 der erkalteten Fruchtsuppe rühren Sie knapp 100 Gramm Stärkemehl. Den übrigen Saft zum Kochen bringen, den Stärkebrei unter ständigem Rühren einlaufen lassen und etwa 5 Minuten leise weiter kochen.

Das Ganze nun in eine kalt ausgespülte Glasschale geben und kaltstellen. Statt

Stärkemehl können Sie auch Sago oder Grieß verwenden; in beiden Fällen darf es jedoch nicht weniger als 100 Gramm sein.

Zur Verfeinerung kann man unter die warme Masse 50 Gramm feingemahlene Mandeln geben.

Nach dem Stürzen wird die rote Grütze entweder mit Vanillesoße oder halbsteif geschlagener Sahne serviert; wenn Sie beides reichen, werden Sie auch keinen Widerspruch hören. Zur Garnitur haben Sie noch ein paar der schönsten Früchte aufgehoben.

Kirschenmichel

Zur Sauerkirschenzeit gibt es am fleischlosen Tag, besonders zur Freude der Kinder, gern diese nahrhafte Süßspeise.

6 Eier werden getrennt und das Eigelb mit 250 Gramm Zucker sehr schaumig gerührt. Das Äußere von 4 bis 6 altbackenen Brötchen wird auf dem Reibeisen abgerieben und unter die Eimasse gegeben. Das Eiweiß schlägt man steif und zieht es ebenfalls darunter. Etwa 1 Kilo entsteinte Sauerkirschen werden mit 100 Gramm geraspelten Mandeln vermischt, mit einem Gläschen Kirschwasser parfümiert und in eine buttergefettete Auflaufform gegeben. Je nach Geschmack kann mit abgeriebener Zitrone und Zimt gewürzt werden. Darüber kommt die Eimasse.

Im vorgeheizten Ofen (200 Grad) lassen Sie den Kirschenmichel auf der untersten Schiene (denn er geht auf) in 50 bis 60 Minuten knusprig braun werden.

Mehr fürs Auge ist eine abschließende Bereicherung: Puderzucker wird vor dem Auftragen über den fertigen Kirschenmichel gestreut. Man kann diese Süßspeise auch kalt essen.

Wer satt ist,
dem schmecket alle Kirschen sauer.

Was der Schwabe noch besonders schätzt

Saure Kartoffelrädle

In anderen Teilen Deutschlands ist dieses Gericht auch als braunes Kartoffelgemüse bekannt.

Sie brauchen dazu etwa 1 Kilo abgekochte, kleine Kartoffeln, die man schält und in schöne „Rädle“ schneidet.

Zuerst wird aus 40 bis 50 Gramm Fett und 3 bis 4 EL Mehl eine ziemlich dicke, dunkle Mehlschwitze bereitet. Sobald diese leicht gelb ist, wird eine kleingehackte Zwiebel mitgedämpft.

Wenn die Schwitze die gewünschte Farbe hat, wird sie mit etwa 1 Liter gut gewürzter Fleischbrühe (oder Würfelbrühe) abgelöscht.

Dann 3 EL Essig, 1 bis 2 Lorbeerblätter, 2 Nelken und einige Pfefferkörner hinzugeben.

Etwa 20 bis 25 Minuten lang unter häufigem Umrühren, aber sonst mit geschlossenem Deckel durchkochen lassen.

Durch ein Haarsieb passieren und 1/2 Glas Weiß- oder Rotwein unterrühren. 1/2 TL Majoran hinzugeben und evtl. mit Salz nachwürzen.

Jetzt die gerädelten Kartoffeln vorsichtig einlegen, noch einmal auf den Herd stellen, aber nicht mehr kochen lassen.

„Wer's Dickwerden nicht verheben kann," der ißt noch eine dicke Scheibe Schwarzbrot dazu.

Flädle

Flädle sind dünne Pfannkuchen, die von uns Schwaben auf köstlichste Weise weiterverarbeitet werden.

Zu ihrer Herstellung brauchen Sie 150 Gramm Mehl, 2 Eier, 1/4 Liter Milch, je 1 Prise Salz und Muskat. Daraus wird ein glatter Teig gerührt, den man etwa 1/2 Stunde ruhen läßt.

Dann spießen Sie die Hälfte einer großen Zwiebel mit der runden Seite auf eine Gabel, tauchen sie in Fett und reiben mit ihr eine heiße Pfanne aus. Nun geben Sie etwas von dem Teig hinein, aber wenig bitte, damit wir ein dünnes Flädle erhalten. Was die Wiener von ihrem Apfelstrudelteig behaupten, daß man nämlich durch ihn die Zeitung lesen können muß, das gilt auch für die schwäbischen Flädle. Zur Weiterverarbeitung werden sie zusammengerollt, in dünne Scheiben geschnitten und mit einer kräftigen Fleischbrühe übergossen oder im ganzen gefüllt. Hierfür gibt es mehrere Möglichkeiten; zwei will ich Ihnen nennen, eine pikante und eine süße.

Pikante Variante: Hackfleisch wird mit Ei, gedämpfter Zwiebel und Grünzeug vermengt und auf die Flädle aufgetragen. Diese werden dann aufgerollt und nebeneinander in einer eingefetteten Kasserolle gebraten.

Süße Variante: Aus Quark, Eiern, Zukker, abgeriebener Zitrone und in Alkohol eingelegten Sultaninen wird eine Fülle bereitet, die ebenfalls auf die Flädle aufgestrichen wird. Auch in diesem Fall die Flädle aufrollen und in der Pfanne mit Butterflocken knusprig backen.

Das sind zwei der vielen Ausführungen. Die schwäbische Hausfrau mit Fantasie ist in der Lage, zehnmal soviel Verwendungsmöglichkeiten zu entwickeln.

Linsen und Spätzle

Linsen sind die Früchte einer Schmetterlingsblütlergattung, die unsere Vorfahren von den Römern kennenlernten. Sie sind ein echtes Leibgericht der Schwaben geworden, besonders in der Verbindung mit den bodenständigen Spätzle.

Etwa 250 Gramm dieser Hülsenfrüchte werden mehrmals kalt gewaschen und in einem Topf über Nacht eingeweicht. Das Wasser sollte etwa 2 bis 3 Zentimeter über den Linsen stehen.

Am nächsten Tag gibt man zu den aufgequollenen Linsen zusätzlich noch frisches Wasser, 1 Lorbeerblatt und etwa 250 Gramm nicht zu mageres Rauchfleisch. Nun kochen, bis die Linsen weich, aber noch nicht musig sind. Mit Butter oder Margarine bereitet man eine dicke, braune Mehlschwitze. Mit etwas Wasser und den Linsen ablöschen. Das Gericht würzt man mit Salz, Pfeffer,

Brühwürfel und kocht es unter Rühren nochmals heftig durch.
Zuletzt mit Essig abschmecken und das Rauchfleisch entweder in Würfel schneiden und dazugeben oder in Scheiben als Beilage reichen.
Zuallerletzt kommen die hinzu, ohne die die Speise bei uns undenkbar ist: die Saitenwürstle (sie werden 10 Minuten vorher in heißes Wasser eingelegt). So erst ist das Bild komplett, mit dem früher ein Hauch von Aushausigkeit dokumentiert wurde: „Heut' gibt's Lensa ond Spätzle, mit Rauchfleisch und Saita garniert."

Maultaschen

Nach dem Motto „Was man nicht sieht, ist auch nicht vorhanden“ waren Maultaschen früher in der Fastenzeit ein rechtes Pharisäergericht. Man versteckte Fleischzutaten kurzerhand im Nudelteig.

Den Teig bereitet man aus 500 Gramm Mehl, 3 Eiern und Salz oder man kauft beim Bäcker einen fertigen Nudelteig (vorbestellen!).

Man schneidet ihn in 20 bis 25 Zentimeter breite Streifen und bestreicht ihn mit folgender köstlichen Fülle: 200 Gramm kalter Braten oder auch Hackfleisch, 100 Gramm Rauchfleisch oder gerauchte Schinkenwurst, 100 Gramm Bratwurstbrät und 4 eingeweichte alte Brötchen werden durch den Fleischwolf gedreht, 4 Eier werden daruntergemischt, ebenso Salz, Pfeffer und Muskat. Je 1 EL gehackte Petersilie und Zwiebel hat man vorher in 20 Gramm ausgelassenem Speck durchgedämpft. Nach dem Erkalten werden sie ebenfalls zu obiger Masse gegeben. Weiter kommen noch hinzu 500 Gramm gekochter, gut ausgedrückter und dann gewiegter Spinat. Die Fülle wird gut durchgearbeitet und nochmals abgeschmeckt. Auf die Teigstreifen wird diese Masse gleichmäßig aufgestrichen. Rollen Sie nun diese Streifen auf und schneiden Sie sie in Rechtecke oder auch Quadrate.

Die fertigen Maultaschen kommen in sprudelndes Salzwasser und werden darin 8 bis 10 Minuten gekocht.

Nun gibt es drei Möglichkeiten: mit Fleischbrühe übergießen und mit Zwiebeln schmälzen, oder mit Semmelbrösel überschmälzen und mit Kartoffelsalat servieren, oder aber in schmale Streifen zerteilen, in Butter rösten und 1 Ei darüber stocken. Hierzu reicht man Kartoffel- und grünen Salat.

Die „knitzen“ Schwaben veranstalten manchmal ein richtiges Maultaschenfestival und essen sie zuerst in der Brüh und dann geschmälzt mit Salat.

Bob Larson klärte die in Schwaben ansässigen Amerikaner wie folgt auf:
Ein kalorienhaltiges schwäbisches Gericht sind „Maultaschen“. Die wörtliche Übersetzung wäre eigentlich „snout pockets“. Sie sehen wie riesige Ravioli aus, werden aber anders zubereitet und auch unterschiedlich serviert. Man sagt, daß es so viele Maultaschenrezepte gibt wie schwäbische Hausfrauen. Viele Amerikaner machen ihre erste Bekanntschaft mit Maultaschen, wenn diese in einer Fleischbrühe schwimmen – aber es gibt noch zahlreiche andere schmackhafte Variationen.

(Bob Larson, „Your Swabian Neighbours“)

„Buabaspitzle“ oder Schupfnudeln

1 Kilo große Kartoffeln, am Vortag gekocht, werden geschält und durch eine Presse gedrückt oder gerieben.

2 ganze Eier, 1 TL Salz und reichlich Muskat werden mit so viel Mehl verknetet, bis die Masse sich nicht mehr feucht anfühlt. Dieser Teig wird auf einem bemehlten Tisch zu einer dicken Rolle von etwa 4 Zentimeter Durchmesser geformt.

Nun schneiden Sie 2 Zentimeter dicke Scheiben ab und formen sie – ebenfalls auf bemehlter Unterlage – mit den Fingern beider Hände in 5 bis 6 Zentimeter lange, an beiden Enden spitz zulaufende „Buabaspitzle“. Diese werden in leicht gesalzenes, kochendes Wasser eingelegt. Darin sollen sie simmern (nicht wallend kochen).

Wenn sie nach oben kommen, nehmen Sie sie mit dem Schaumlöffel heraus, lassen sie abtropfen und legen sie einzeln auf einem Tuch oder einer Platte zum Trocknen aus.

Nach dem Erkalten können Sie die „Buabaspitzle“ in der Pfanne mit Fett goldgelb rösten und dazu gemischten Salat reichen oder sie direkt aus dem Sud „nacket“ als Beilage zu Sauerbraten oder Sauerkraut servieren.

Der Maler des „Armen Poeten“, der Bayer Carl Spitzweg, soll die schwäbischen „Buabaspitzle“ besonders geschätzt haben.

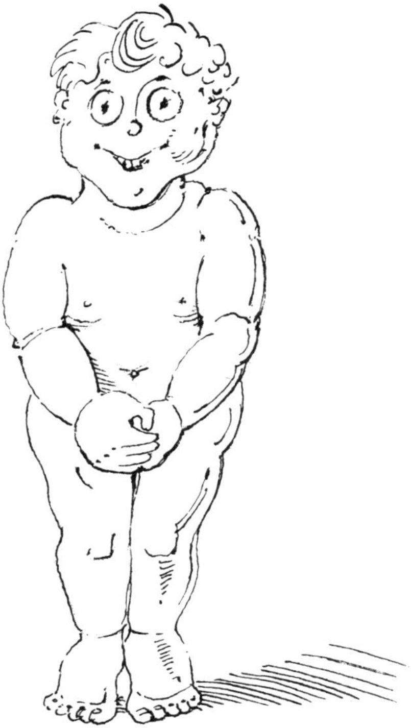

Buabaspitzle

Schwäbischer Kartoffelsalat

Diese Beilage zum Braten oder zu Bratwurst, Fleischküchle und gebackenem Leberkäs wird oft geschmäht und dennoch innig geliebt. Über seine Zubereitung hat sich mancher schon den Kopf heiß geredet; dabei gibt es wirklich nur eine mögliche.

Es gehören nicht hinein: saure Apfelschnitze, ausgelassener Speck, Gürkle oder vielleicht gar Mayonnaise. Die einzig authentische Herstellung geht folgendermaßen: Zuerst muß man eine festkochende Salatkartoffel kaufen, am besten Sieglinde oder im Frühjahr die kleinen Mäusle. Sie sollen alle gleichmäßig groß bzw. klein sein, damit's schöne „Rädle" gibt. Diese werden in Salzwasser oder im Dampftopf weichgekocht, noch warm abgezogen und in dünne Scheiben geschnitten. Obendrauf kommen 1 feingehackte Zwiebel, etwas Salz, Pfeffer, nicht zuviel Essig und zuletzt etwas gut gewürzte warme Fleischbrühe.

Das Ganze wird mit dem Salatbesteck sanft vermischt und zugedeckt mindestens 1 Stunde lang warmgestellt. Dann reichlich mit gutem Öl begießen und auch wieder vorsichtig mischen. Noch etwas durchziehen lassen und mit frischem Schnittlauch bestreuen.

Der Kartoffelsalat ist gelungen, wenn er beim Rausschöpfen „quietscht“.

Salzkuchen

Wer den Salzkuchen oder gesalzenen Rahmkuchen nicht selbst backt, hat auf den zahlreichen ländlichen Festen und bei der „Kirbe“ (Kirchweih) immer wieder Gelegenheit, ihn zu kosten. Unsere Landfrauen errichten da gern einen Stand, auf dem sie diese schwäbische Spezialität ofenheiß anbieten.

Das Rezept: Aus 200 Gramm Mehl, 60 Gramm Fett (am besten schmeckt Schweineschmalz), 1 Prise Salz und 1/2 Tasse Milch knetet man einen glatten Teig. Diesen stellen Sie mindestens 1/2 Stunde kalt. Ein gut gefettetes Kuchenblech legen Sie mit dem Teig aus, auf den dann der folgende Belag kommt. 400 Gramm saure Sahne (2 Becher) werden zusammen mit 3 Eigelb, Salz und Kümmel mit dem Schneebesen glattgerührt. Auf den Teig geben, mit Butterflöckchen besetzen und reichlich frischen, kleingeschnittenen Schnittlauch darüberstreuen.

Die Backzeit beträgt etwa 1/2 Stunde. Wichtig ist, daß der Kuchen heiß gegessen wird. Kredenzen Sie ein Glas schwäbischen Wein dazu (es kann auch neuer sein), das ergibt die richtige Ergänzung. Der Salzkuchen, der mancherorts auch Dai oder Daie genannt wird, dürfte auch demjenigen munden, der sich nicht an den schwäbischen Zwiebelkuchen traut.

Zwiebelkuchen

In jedem echten schwäbischen Haushalt wird einmal im Jahr, nämlich im Herbst, wenn die neuen Zwiebeln mild und saftig sind, diese typische Spezialität gebacken. Zur selben Zeit nur gibt es ja auch den federweißen oder „räßen“ neuen Wein, und zu ihm bildet sie nun einmal eine willkommene Ergänzung.

Bereitet wird der Zwiebelkuchen aus 250 Gramm Mehl, 60 Gramm Schweineschmalz, 1/2 TL Salz, einem Würfel Hefe, Milch oder Wasser. Aus diesen Zutaten knetet man einen feinen Hefeteig. Gehen lassen, auswellen und ein Kuchenblech mit Rand belegen.

Nun zum Belag: 1 Kilo große Zwiebeln schälen, mit dem Messer in feine Scheiben schneiden und zusammen mit 50 Gramm sehr fein in Würfel geschnittenem Räucherspeck in Fett weich dünsten, jedoch ohne daß die Zwiebeln Farbe annehmen. Abkühlen lassen.

Nun etwa 50 Gramm Mehl mit 1/4 Liter Sauerrahm glattrühren. Die Zwiebeln und 3 bis 4 ganze Eier, 1 gestrichenen TL Salz und 1 EL Kümmel dazugeben, alles zu einer glatten Masse verrühren und auf den Hefeboden streichen. Butterflöckchen obendrauf setzen und bei guter Hitze goldgelb backen.

Schwäbischer Zwiebelkuchen muß warm gegessen werden. Sollte aber etwas übrigbleiben, kann der Rest getrost noch einmal im Backofen langsam aufgewärmt werden.

Gurkengemüse

Hier erfahren Sie das Rezept einer aparten Gemüsebeilage, die sehr schmackhaft und dazu im Sommer sehr preiswert ist.
1 große Gemüsegurke wird dünn geschält und der Länge nach halbiert. Schaben Sie die Kerne mit einem Löffel heraus. Die Gurkenhälften werden dann in etwa 1 Zentimeter dicke Scheiben geschnitten. Nun dünsten Sie 2 bis 3 EL feingehackte Zwiebeln in 50 Gramm Butter unter ständigem Rühren hellgelb. Die Gurken zugeben und bei geschlossenem Topf und mildem Feuer etwa 10 Minuten dünsten. Dann etwas gekörnte Brühe, 1/2 Tasse Crème fraîche oder 1/8 Liter sauren Rahm zugießen und evtl. etwas Wasser (wenig!) hinzufügen. Zudecken und vollends weichdünsten.
Vor dem Servieren mischen Sie reichlich frische Dillspitzen unter das Gericht.
Zu diesem pikanten Gemüse kann man Nudeln oder weißen Reis reichen.

Wenn man will, kann man das Gericht mit Wasser verlängern und als Suppe auf den Tisch bringen; in diesem Fall gibt man auf jeden Teller noch 1 EL sauren Rahm extra. Dazu schmeckt dann auch ein Stück Bauernbrot gut.

Zum Tisch gehört meh'
als bloß a weißes Tischtuch.

Saure Flädle

Dies ist eine feine Variante der Sauren Kartoffelrädle (Seite 118); saure Flädle werden häufig als Freitagsessen gekocht. Es ist keineswegs ein Armeleute-Essen, sondern gilt als echte Spezialität.

Zuerst werden aus 150 Gramm Mehl, 2 Eiern, 1/4 Liter Milch und je 1 Prise Salz und Muskat sehr dünne Flädle ausgebacken, zusammengerollt und nach dem Erkalten in feine Streifen geschnitten.

Als nächstes bereiten wir die „saure Brühe". Aus 40 bis 50 Gramm Fett und 3 bis 4 EL Mehl wird eine ziemlich dicke, dunkle Mehlschwitze bereitet. Sobald diese leicht gelb ist, wird eine kleingehackte Zwiebel mitgedämpft. Wenn die Schwitze die gewünschte dunkle Farbe hat, wird sie mit etwa 1 Liter gut gewürzter Fleischbrühe (oder Würfelbrühe) abgelöscht. 3 EL Essig, 1 bis 2 Lorbeerblätter, 2 Nelken und einige Pfefferkörner werden hinzugegeben.

Etwa 20 bis 25 Minuten unter häufigem Umrühren, aber sonst mit geschlossenem Deckel durchkochen lassen. Die Soße durch ein Haarsieb passieren und 1/2 Glas Weiß- oder Rotwein unterrühren, 1/2 TL Majoran dazugeben und evtl. mit Salz nachwürzen.

Die feingeschnittenen Flädle werden nun vorsichtig eingelegt. Der Topf wird noch einmal auf den Herd gestellt, der Inhalt sollte aber nicht mehr richtig zum Kochen kommen.

Kässpätzle

Dieses Gericht muß gut vorbereitet werden, weil es schnell kalt wird. Fertiggekaufte Spätzle, handgemachte oder mit der Maschine bereitete, werden mit dem Schaumlöffel aus dem Salzwasser genommen (abtropfen lassen) und auf eine vorgewärmte Platte lagenweise mit reichlich geriebenem Käse (Emmentaler, Parmesan oder alter Gouda) und Butterflöckchen geschichtet. Zum Schluß werden in Fett geröstete, feingeschnittene Zwiebel und durchwachsener Speck darüber gegeben und das Ganze mit reichlich Pfeffer aus der Mühle bestreut.

Dazu gibt's eine Schüssel Salat.

Wenn man zwei Teller Kässpätzle gegessen hat, dann „battet's".

Schwäbischer Wurstsalat

Zu gleichen Teilen Schinkenwurst, weiße Preßwurst und Schwartenmagen oder Schwarzwurst in Würfelchen oder Streifen schneiden.

Eine Marinade bereiten aus Weinessig, Salz, Pfeffer und einer Prise Zucker (mit grobem Pfeffer nicht sparen!). Über die Wurstwürfel oder -streifen geben und durchziehen lassen.

Eine Zwiebel hacken oder in feine Ringe schneiden, untermischen und ganz wenig Salatöl dazugeben.

Dazu gibt es geröstete Kartoffeln oder Scheiben von Schwarzbrot und ein kleines Helles (Bier).

Gut dazu schmeckt auch eine frische Laugenbrezel.

Wenn man einmal am Abend zuvor ein Viertele zuviel getrunken hat: Ein solcher Wurstsalat renkt den Magen wieder ein.

Was der Schwabe sonst so ißt

Krautspätzle

Recht trockenes Sauerkraut wird mit mehreren Löffeln Schweineschmalz und 1 großen Zwiebel in einer eisernen Pfanne unter häufigem Umwenden braun geröstet. Nach Geschmack Salz, Pfeffer und zerdrückte Wacholderbeeren dazugeben.

Inzwischen werden Spätzle (Rezept Seite 14) zubereitet und diese mit dem Kraut lagenweise in eine vorgewärmte tiefe Schüssel gegeben. Das Ganze wird mit feingehackten Zwiebeln, die in Fett (möglichst Schweine- oder Griebenschmalz) braun geröstet sind, abgeschmälzt.

Dies ist wieder eine der vielen Varianten, zu der sich die schwäbische Spezialnudel Spätzle hergibt. Ein großes Glas Most-Schorle könnte der Leber helfen, mit dem Schweineschmalz leichter fertig zu werden.

Schwarzwurzel in Pfannkuchenteig

Die Schwarzwurzel hatte früher die Nebenbezeichnung „Spargel der armen Leute“. In letzter Zeit ist der Anbau stark zurückgegangen. Viele geben dem Spargel den Vorzug, weil der höhere Preis heute weniger schmerzt, aber auch weil die Zubereitung der Schwarzwurzel weniger angenehm ist. Sie muß nämlich zuerst einmal völlig von ihrem schwarzen Äußeren befreit werden. Unter fließendem Wasser wird die Wurzel gebürstet und mit einem Küchenmesser sorgfältig abgeschabt.

Dann wird sie in 8 bis 10 Zentimeter lange Stücke geschnitten und in eine Schüssel mit kaltem Essigwasser, das man mit 1 EL Mehl angerührt hat, eingelegt (so wird das Dunkelwerden verhindert). Die Wurzelstücke werden in leicht gesalzenem Wasser, dem 1 Tasse Milch beigegeben wird, weich gekocht. Auf einem Durchschlag läßt man sie abtropfen und trocknet sie dann einzeln mit Küchenkrepp ab. Tauchen Sie sie dann in einen sehr dicken Pfannkuchenteig und backen Sie sie in heißem Fett goldgelb.

Als Beilage zu diesem eiweißreichen und auch für Diabetiker empfohlenen Gemüse eignet sich ein gemischter grüner Salat.

Es gibt bei uns Spezialisten, die es wegen seines kräftigen Geschmacks dem Spargel vorziehen.

Zur Schwarzwurzel eignet sich übrigens durchaus ein Schwarzriesling.

Geröstete Kartoffeln mit Leberwurst

Dieses ist eines der schlichten, aber schmackhaften schwäbischen Gerichte, das z. B. nach dem Waldlauf oder nach einem arbeitsreichen Nachmittag im „Güetle“ besonders mundet.

Am Vortag gekochte Kartoffeln werden geschält und in „Rädle“ geschnitten. Dann feingehackte Zwiebeln in Schweineschmalz anbraten, die Kartoffelscheiben hinzugeben und unter häufigem Wenden goldgelb rösten. Gewürzt wird mit Salz, Pfeffer und Majoran.

Zum Schluß wird eine Hausmacher- oder eine Schlachtplatten-Leberwurst enthäutet, in Stücke geschnitten und unter die Kartoffeln gemengt.

Wenn Portion und Hunger übereinstimmen, bedarf es keiner weiteren Beilagen, aber eine große Schüssel Kopfsalat ist nicht zu verachten.

Laubfröschle

20 große Spinatblätter, von denen die Stiele entfernt wurden, blanchieren (überbrühen) und einzeln auf einem Küchentuch auslegen. 2 eingeweichte alte Brötchen werden gut ausgedrückt und verzupft. Eine Zwiebel und ein Büschele (Bund) Petersilienblätter fein wiegen und in 2 EL Butter weich dämpfen. Nach dem Abkühlen mit 2 Eiern und 250 Gramm Bratwurstbrät vermengen. Kräftig Muskat, Pfeffer und wenig Salz zugeben. Diesen Fleischteig in die Spinatblätter geben und mit der glatten Seite nach oben in eine Kasserolle füllen, in der vorher Butter zerlassen wurde. Etwas Fleisch- oder Würfelbrühe zugießen. Zugedeckt etwa eine halbe Stunde kochen. Herausnehmen und auf einer Platte anrichten.

Den verbliebenen Bratensatz mit etwas Mehl bestäuben und mit wenig Wasser loskochen. Vom Feuer nehmen und eiskalte Stückchen Butter mit dem Schneebesen einrühren. Die Soße durchseihen und an die Laubfrösche gießen.

Bei einer vegetarischen Variante wird das Bratwurstbrät durch vorgedämpfte Pilze oder Körner (z. B. Grünkern oder Graupen) ersetzt.

Wenn m'r erscht amol richtig gessa ond tronka hat – g'schafft isch glei.

Kratzete

Das ist eine Mehlspeise aus einem dicken Pfannkuchenteig, die man sowohl zu Süßem als auch zu Pikantem, zu Obst oder Gemüse reichen kann.

4 Eigelb, 1/4 Liter Milch, 150 Gramm Mehl, 1 Prise Salz und 2 EL zerlassene Butter werden zu einem glatten Teig verrührt. Er sollte etwa 10 Minuten lang ausquellen.

Dann 4 Eiweiß zu Schnee schlagen und unter die Masse ziehen.

In einer möglichst großen Kasserolle reichlich Butterschmalz zerlaufen lassen, den Teig hineingeben und goldgelb bakken. Wenden, mit der Oberseite ebenso verfahren. Evtl. etwas Butterschmalz zugeben.

Mit 2 Gabeln die Masse zerteilen (zerkratzen; daher der Name) und unter dauerndem Umwenden durchrösten.

Herausnehmen und mit Spargel, Spinat, feinem Mischgemüse oder Salat servieren.

Wenn Sie die Kratzete zu gekochtem Obst reichen, dann mit Puderzucker bestreuen.

**Wenn d' Küche nemme raucht,
wird d' Liebe bald kalt.**

Schlachtplatte

Im Herbst sieht man auf den Fildern bei Stuttgart Lastwagen, hoch aufgetürmt mit Spitzkraut, das es nirgends anderswo gibt. Es eignet sich vortrefflich zum „Einmachen“, sprich: zu Sauerkraut. Das Kraut-Fäßle reichte früher bis ins Frühjahr (wenn es dann draußen warm wurde und die Geruchsentwicklung zu heftig, mußte es weg). Aber dank der modernen Konservierungsmöglichkeiten steht uns heute Sauerkraut das ganze Jahr über zur Verfügung.

Wenn Sie auf einer schwäbischen Speisekarte das Wort „Schlachtplatte“ lesen, wissen Sie gleich, daß da garniertes Sauerkraut serviert wird. Da dürfen Sie erwarten: eine Leberwurst, eine Griebenwurst (Blutwurst), eine Scheibe Bauchläpple und eine Scheibe Rindfleisch. Letztere werden im Kraut weich gekocht, die Würste darin warm gemacht.

1 große, feingeschnittene Zwiebel wird mit 3 EL Schweineschmalz glasig gedünstet. 1 Kilo Sauerkraut wird auseinandergezupft und darin kurz gedämpft. Dann mit so viel Wasser auffüllen, daß das Kraut eben bedeckt ist.

Nun eine große Kartoffel schälen, reiben und hinzugeben. Dasselbe geschieht mit 1 großen Apfel. Geben Sie 10 Wacholderbeeren, 1 Prise Kümmel und 1 Brühwürfel hinzu.

Auf kleiner Flamme etwa 3/4 Stunde leise kochen lassen. Dann etwas Wasser oder Weißwein nachfüllen und etwa 375 Gramm Bauchläpple und ebensoviel mageres Rindfleisch (Bratenfleisch) hinzugeben.

Zugedeckt noch einmal 3/4 Stunde lang langsam kochen lassen.

Man kann auch noch Schweinefüßle, -knöchle und -pfoten (und auch ein

Schwänzle) mitkochen; das verbessert den Geschmack des Krauts.

Am Ende der Kochzeit Leber- und Griebenwurst entweder im Kraut oder separat in heißem Wasser warm machen. Vorsicht, nur ziehen lassen, nicht kochen, sonst zerplatzt die Haut. Das Kraut evtl. nochmals abschmecken, in eine tiefe Schüssel geben und mit dem Fleisch und den Würsten umlegen.

Dazu gibt's Spätzle oder Kartoffelbrei, und bei den hochprozentigen schwäbischen Familien muß auch noch ein Schlag Erbsenpüree dabei sein.

Da kann man nur sagen: Prost Mahlzeit!

Glossar

amol = einmal
arg = sehr
Args = Arges, Schlimmes
auf d' Füß' kommen = auf die Füße kommen, gesund werden
aufpfitzen = aufgehen
au G'sonde guet = auch Gesunden gut
aushausig, aushäusig = verschwenderisch; nur von gelegentlicher Großzügigkeit bestimmt
Aushausigkeit = siehe aushausig
drhoim = daheim, zu Hause
ebbes = etwas
glei = gleich
Gsälz = Konfitüre
Guats = Gutes
Güetle = von Gut, kleines (Garten-)Grundstück
Gutsle = Weihnachtsgebäck von bestimmten Ausstecherformen
hebt, heben = vorhalten, anhalten, reichen, fassen, ergreifen, packen, festhalten
Kender = Kinder
knitz = schlau
Lensa = Linsen

meh' = mehr
mehlieren = in Mehl wenden
m'r = man
nacket = nackt
nemme = nicht mehr
nò = dann
nonder = hinunter
nonderhänge = hinunterhängen
Pärle = Pärchen
rädeln = in Scheiben schneiden
Rädle = Scheiben, Scheibchen
räß = sauer
rezent = kräftig gewürzt
Saita = Saitenwürstchen, Brühwürstchen im Saitling (Schafsdarm)
's battet = es reicht, es genügt, es haut hin
Schnitz = kleines oder auch größeres Stück, z. B. von Kartoffeln oder Obst
scho = schon
simmern = sanft unter dem Kochpunkt, pochieren; die Flüssigkeit kocht nicht wallend oder sprudelnd; die Oberfläche bewegt sich nur leicht
Spätzles-Schwôb = Spätzlesmaschine; der Teig wird mit kräftigem Druck durch die Löcher eines im Handel erhältlichen Geräts gepreßt
Stich = Mengenangabe, etwa halber Eßlöffel
Trenka = Trinken

Überzwerch = Querrippe unterhalb des Rinderrückens

verheben = sich zurückhalten, siehe „wer's Dickwerden ..."

verkleppern = verquirlen, von klappern, das klappernde Geräusch, das beim Verquirlen entsteht

Veschper = das Vesper; kalte Mahlzeit anstelle des Nachmittagskaffees oder frühes Abendessen

Wengert = Weinberg

wer's Dickwerden nicht verheben kann = wem's so gut schmeckt, daß ihm eine mögliche Gewichtszunahme gleichgültig ist

Register

Seite
Albertle 104
Apfelküchle 96
Aufgezogene Dampfnudeln 82
Ausstecherle 102
Biersuppe 20
Bodenseefelchen 34
Brätstrudelsuppe 24
Briesle, gebackene 70
Brotsuppe 18
Buabaspitzle 127
Butter-S 100
Dampfnudeln, aufgezogene 82
Eingemachtes Kalbfleisch 56
Fischsuppe 38
Flachswickel 90
Flädle 120
Flädle, saure 138
Fleischküchle 44
Forelle im „Mandel-Mantel“ 37
Gaisburger Marsch 14
Gebackene Briesle 70
Gemüse-Eintopf 30
Geröstete Kartoffeln mit Leberwurst ... 147

Seite

Grießschnitten 94
Gurkengemüse 136
Hefezopf 78
Herz, saures 74
Hirnschnitten 76
Hochzeitssuppe 16
Hohenloher Pfannenbrätle 64
Kalbfleisch, eingemachtes 56
Kalbsbrust, gefüllte 60
Kalbsnierenbraten 54
Kalbsnierle 69
Kartoffeln, geröstete 147
Kartoffelschnitz und Spatzen 14
Kartoffelsuppe mit Saitenwürstle 28
Kartoffelrädle, saure 118
Kartoffelsalat 130
Kässpätzle 140
Kirschenmichel 114
Kirschenpfannkuchen 85
Kirschtorte, Schwarzwälder 109
Kratzete 150
Krautspätzle 144
Krautwickel 52
Kutteln 66
Kuttelsalat 68
Laubfröschle 148
Leberknödel 72
Leberspätzle in Fleischbrühe 23

Seite
Linsen und Spätzle 122
Maultaschen 124
Ofenschlupfer 106
Pfannenbrätle, Hohenloher 64
Pfitzauf 98
Quarkpfannkuchen, süße 81
Rhabarberkuchen 86
Rindsrouladen 42
Rostbraten 46
Rote Grütze 112
Salzkuchen 132
Saubohneneintopf 26
Sauerbraten 48
Saure Flädle 138
Saure Kartoffelrädle 118
Saures Herz 74
Schlachtplatte 152
Schneckennudeln 92
Schupfnudeln 127
Schwarzwälder Kirschtorte 109
Schwarzwurzel in Pfannkuchenteig 145
Siedfleisch 58
Spätzle 14
Streuselkuchen 88
Süße Quarkpfannkuchen 81
Wurstsalat 141
Zwiebelfleisch 50
Zwiebelkuchen 134